L'HERMITE

DU FAUBOURG

SAINT-GERMAIN,

ou

OBSERVATIONS

SUR LES MŒURS ET LES USAGES FRANÇAIS AU COMMENCEMENT DU XIXᵉ SIÈCLE,

PAR M. COLNET,

AUTEUR DE L'ART DE DINER EN VILLE.

faisant suite

A la Collection des Mœurs Françaises

DE M. DE JOUY.

Chaque âge a ses plaisirs, son esprit et ses mœurs.
BOIL., *Art poét.*

TOME PREMIER.

A PARIS,

CHEZ PILLET AINÉ, IMPRIMEUR-LIBRAIRE,

ÉDITEUR DU VOYAGE AUTOUR DU MONDE,

De la collection des Mœurs françaises, anglaises, italiennes, etc.,

RUE CHRISTINE, Nº 5.

1825.

L'HERMITE

DU FAUBOURG

SAINT-GERMAIN,

OU

OBSERVATIONS

SUR LES MŒURS ET LES USAGES FRANÇAIS

AU COMMENCEMENT DU XIXe SIÈCLE.

T. I.

Les formalités exigées ayant été remplies, les contre-
facteurs seront poursuivis suivant la rigueur des lois.

Cet ouvrage se trouve aussi à

Agen...chez Noubel.	*Lille*...... Vanackère.
Aix-la-Chap. Laruelle.	*Londres*... { Bossange, Dulau, Treuttel et Würtz.
Angers .... Fourrié-Mame.	
Arras..... Topino.	
Bayonne ... Bonzom.	*Lorient*.... { Caris, Fauvel.
Berlin..... Schlesinger.	
Besançon.. { Deis, Girard.	*Lyon*..... { Bobaire, Faverio, Maire.
Blois..... Aucher-Eloi.	*Manheim*... Artaria et Fontaine.
Bordeaux. { Mme Bergeret, Lawalle jeune, Melon, Coudert, Gassiot, Gayet.	*Mans*..... Pesche.
	Marseille.. { Chardon, Maswert, Moissy, Camoins, Chaix.
Bourges.... Gilles.	*Metz*..... { Devilly, Thiel.
Breslau .... Korn.	
Brest..... { Le Fournier-Desp., Egasse.	*Mons*..... Léroux.
	Montpellier. { Sévalle, Gabon fils.
Bruxelles.. { Lecharlier, Demat, Stapleaux,	*Moscou* .... Fr. Riss père et fils.
	Nîmes....... Gaude.
	Nancy .... Vincenot.
Caen...... Mme Belin-Lebaron.	*Nantes*..... Busseuil.
Calais..... Leleux.	*Naples*. .. { Borel, Marotta et Vanspan-doch.
Cambrai ... Giard.	
Chartres ... Hervé.	
Clermont-F. Thibaud.	*Niort*...... Elies-Orillat.
Dijon..... { Lagier, Noellat, Tussa.	*Orléans*.... Huet-Perdoux.
	Rennes.... { Duchesne, Molliex.-
Dunkerque. { Bronner-Beauwens, Lenoir.	*Rouen* .... { Frère, Renault, Dumaine-Vallé.
Francfort..{ Jugel Brœnner.	
Gand..... { Dujardin, Vandekerkove.	*Saint-Brieux*. Lemonnier.
	Saint-Malo.. Rottier.
Gênes..... Yves Gravier.	*Saint-Pétersbourg* { C. Weyer, Saint-Florent.
Genève.... { Paschoud, Manget-Cherbulier.	*Strasbourg*.. Levrault.
Havre..... Chapelle.	*Toulouse*.. { Vieusseux, Senac.
Honfleur.... Blon.	*Turin* .... { Ch. Bocca, Pic.
Leipsick.. { Grieshammer, Zirges.	
	Valenciennes. Lemaître.
Liège .... { Desoër, Collardin.	*Vienne* ... Schalbacher.
	Warsovie... Klugsberg.
Lausanne... Fischer.	*Ypres* .. ... Gambart-Dujardin.

DE L'IMPRIMERIE DE PILLET AÎNÉ,
rue Christine, n. 5.

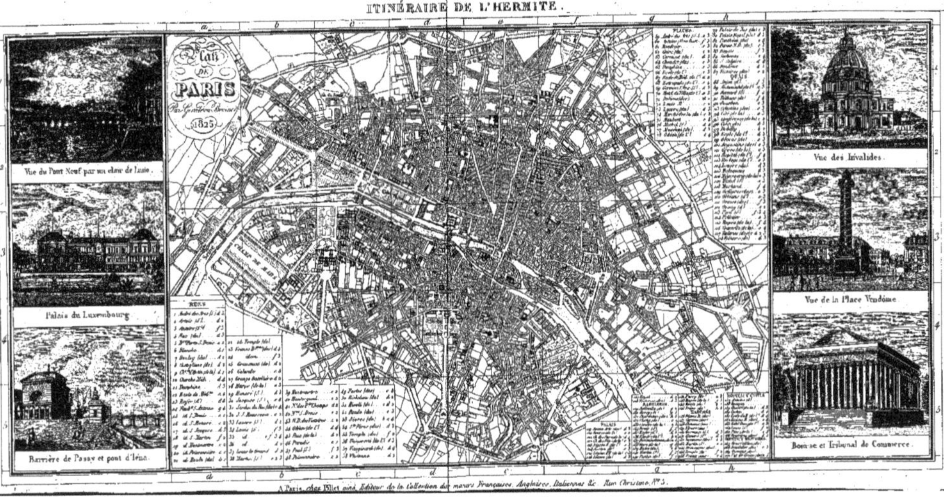

Vue du Pont Neuf par un clair de lune.

Palais du Luxembourg.

Barrière de Passy et pont d'Iéna.

Vue des Invalides.

Vue de la Place Vendôme.

Bourse et Tribunal de Commerce.

A Paris, chez Billet aîné, Éditeur de la Collection des mœurs Françaises, Anglaises, Italiennes &c. Rue Christine, N.º 5.

L'HERMITE

DU FAUBOURG

SAINT-GERMAIN.

— N° I. —

MATINÉE D'UN JOURNALISTE.

> La fonction d'un journaliste éclairé est aussi nécessaire qu'honorable dans un pays où l'on cultive les lettres.
>
> *Lettres de Benoit XIV.*

Il est dix heures : je vais commencer mon journal ; la tâche n'est point aussi aisée qu'on le pense assez communément. Piquer la curiosité d'un grand nombre de lecteurs, dont la manière de voir et de sentir ne peut jamais être la même ;

servir la paresse des uns, offrir aux autres un agréable délassement de leurs travaux ; se faire lire, en un mot, dans un siècle où on lit si peu, quel métier! Et l'on s'imagine que nous sommes sur des roses! Que n'avons-nous au moins quelques jours de relâche! mais c'est un privilége réservé aux comédiens, qui en ont bien d'autres. Il faut que cette feuille paraisse aujourd'hui, demain, après-demain, tous les jours, enfin. Mettons-nous donc à la besogne. Le *Moniteur* arrive ; il m'aidera peut-être à sortir d'embarras. Je ne vois point de bulletin, point de nouvelles officielles. Si, vu le besoin que j'en ai, je m'avisais d'en fabriquer? Si je faisais avancer une armée, un petit corps seulement pour contenter mes politiques?...... Non ; cela n'est plus permis. On s'est dégoûté de nos plans de campagne, et l'on nous a retiré le commandement des troupes qui étaient autrefois sous nos ordres. Que dirai-je donc au public? car il faut bien lui dire quelque chose.

Je vais parcourir les journaux des départemens; j'y trouve assez souvent des faits curieux qui intéressent mes lecteurs de la capitale. Voyons ; lisons. Ah! mon Dieu! pas un seul désastre, pas un pauvre petit ouragan, pas un incendie! le tonnerre n'est tombé nulle part; tous les clochers sont debout, et les avalanches ne bougent plus. C'est une désolation; jamais on n'a vu une pareille stérilité de fléaux. Que vais-je donc mettre dans mon journal? Ah! qu'une bande de voleurs me ferait grand bien! Où la trouver? Depuis que, dans les tribunaux, on ne leur tient plus compte de leur bonne intention, ces honnêtes gens n'osent se montrer. Si, du moins, en leur absence, et pendant l'interrègne, quelques loups, aussi bien intentionnés, se répandaient dans les campagnes, leurs coups de dent jetteraient sur ma feuille une agréable variété. Malheureusement les loups deviennent de jour en jour plus rares, et le peu qu'on en voit se conduit fort honnêtement. Si cela continue, ils seront bientôt plus civilisés que nous. Décidément je ne puis rien extraire aujourd'hui des journaux des départemens.

Paris va, sans doute, me dédommager. Tant de folies s'y succèdent avec rapidité! Tant d'originaux y abondent! Tant de charlatans y vivent de la crédulité publique! Eh bien! le croiriez-vous? dans cette ville, où l'on aime tant à être dupe, le nombre des charlatans diminue. Les uns ont pris un diplôme ; les autres ont perdu leur crédit. Je ne sais, en vérité, de quoi je dois parler. Point de nouvelles des théâtres : toutes les actrices sont à leur poste ; pas une seule n'est indisposée. Vous verrez qu'elles deviendront sages tout exprès pour m'empêcher de faire remarquer leur absence. Peu d'ouvrages nouveaux, et pourtant des milliers d'auteurs ; mais ils se reposent sur leurs lauriers, ou dorment au bruit flatteur des sifflets qui ont accueilli leurs productions. Que ferons-nous donc si ces messieurs ne font rien ? Il me semble que nous pouvons leur dire ce que le cocher de fiacre dit aux courtisanes, dans le moulin de Javelle : « Vous autres et nous autres, nous ne pouvons nous passer les uns des autres. » J'entends du bruit..... C'est une jeune dame ; tant mieux ; mais elle n'est pas seule ; tant pis.

« J'ose croire, Monsieur, que ma visite ne vous effraie pas. Je suis l'auteur de *** ; c'est un roman qui fait aujourd'hui assez de bruit dans le monde. Je crois bien inutile de vous le recommander : vous avez trop de goût pour ne pas joindre votre suffrage à celui de la bonne compagnie. Mais, dites-moi pourquoi je ne vous vois jamais à mes soirées ? Je serais enchantée de causer avec vous. Quant à mon roman, dont le sort m'occupe fort peu, l'opinion publique me paraît bien fixée. Madame de S*** vise à la profondeur; madame de G*** essaie d'être naturelle. Moi je réunis ces deux genres de mérite. C'est un point convenu. Linval, que vous voyez, et qui m'a conduite ici, vous dira qu'aucune femme ne sent aussi vivement que moi et n'exprime ses sentimens avec plus d'énergie. Mon mari lui-même, que j'ai rencontré ce matin par hasard sur l'escalier, n'a pu s'empêcher de convenir que la lecture de mon ouvrage lui avait fait passer des momens délicieux. Je ne lui croyais pas autant de goût. Mais, brisons là-dessus, puisque ce n'est pas le sujet qui m'amène. A revoir, Monsieur; vous êtes trop poli pour ne pas me rendre ma visite. »

Quelle volubilité! cette dame ne fatigue pas ses interlocuteurs. Je voudrais bien savoir comment elle cause avec son Linval...... Mais, quel est cet homme qui s'avance vers moi? Son air ne m'annonce rien de bon; il ressemble à l'Envie.

« Monsieur, voulez-vous me servir? l'occasion est belle. M. *** et moi nous avons traité le même sujet; je suis forcé de convenir que mon ouvrage est excellent, mais la vérité m'oblige aussi de dire que celui de mon rival est détestable; et voilà ce qu'il s'agit de prouver au public. Vous êtes si occupé, Monsieur, que je crains bien que vous ne puissiez pas vous charger de cette besogne. En conséquence, voici un article que j'ai pris la peine de faire, et qui ne laisse aucun doute sur les deux points que j'ai avancés. — J'espère, Monsieur, que vous le signerez. — Y pensez-vous, Monsieur? il faut des procédés. L'auteur que j'attaque est mon ami; la délicatesse me défend de signer un article dont il aurait à se plaindre. D'ailleurs, ma signature gâterait tout. En disant du bien de moi, j'arrange mon affaire; en disant du mal de mon confrère, j'arrange encore mon affaire; mais si l'article était revêtu de ma signature, personne ne voudrait croire ni le bien que j'aurais dit de moi, ni le mal que j'aurais dit du confrère. Vous voyez donc, Monsieur, que je ne puis en conscience me faire connaître. — En ce cas, reprenez votre article; il ne paraîtra pas dans mon journal. — Monsieur, vous vous en souviendrez. Adieu. »

Encore un ennemi de plus; mais celui-ci en use si bien avec ses amis, qu'on ne doit pas désirer d'en augmenter le nombre...... Nouvelle visite.

« Monsieur, je vous apporte le fruit de mes pénibles veilles; c'est un distique assez agréablement tourné, que je vous prie de placer dans un petit coin de votre journal. J'arrive tout exprès de Montargis pour vous demander ce service. — De Montargis! c'est une ville où l'on cultive la poésie avec un grand succès. — Oui, Monsieur; nous avons une société littéraire, une académie française en miniature. On y joue aux échecs, au trictrac; on y lit tous les journaux, et cela répand singulièrement l'amour des lettres dans les environs. — Je connais tel de vos compatriotes qui pourrait défier au distique, et même au quatrain, tous les poètes de la capitale. — Monsieur le rédacteur, je compte sur vous pour l'impression de mes deux vers; mais surtout n'oubliez pas mes noms de baptême : *Charles Adrien* ***, de Montargis, département du Loiret. Imaginez-vous que j'ai autant de frères que d'autres ont de cousins. Or, quand il s'agit de la gloire, il n'y a point de parenté qui tienne. Je ne veux partager mon distique avec personne. Cela dit, Monsieur, je retourne à Montargis. »

Il est aimable, ce petit poète, et son distique ne me paraît point extraordinairement mauvais. Je l'imprimerai; il faut encourager les jeunes gens..... Quoi! cinq ou six personnes entrent à la fois dans mon bureau! « Messieurs, que puis-je faire pour votre service? Parlez l'un après l'autre, je vous en prie. »

« Monsieur, beaucoup d'honnêtes gens croient encore que la dernière comète annonçait la fin prochaine du monde. Je vous prie de les rassurer. Nous en avons encore pour vingt mille ans; c'est une découverte que je viens de faire ce matin. — Monsieur, ce que vous me dites là me fait grand plaisir, car je songeais déjà à déménager. »

« Monsieur le rédacteur, j'ai trouvé le moyen de rendre les os beaucoup plus utiles que la viande : j'en compose une gélatine aussi agréable que nutritive, et, sans vouloir acheter votre suffrage, voici un petit pot que je vous prie d'accepter, avec la description de mon procédé, que vous voudrez bien insérer dans votre feuille. — Monsieur, j'ai déjà beaucoup d'ennemis, surtout parmi les gens de lettres; j'en aurai bien davantage si j'annonce votre découverte. Tous les chiens, qui n'auront plus d'os à ronger, ne manqueront pas d'aboyer après moi : je n'oserai plus paraître dans la rue. — Rassurez-vous, Monsieur; les chiens sont plus intéressés que nous au succès de ma gélatine, et voici comment je le prouve : quiconque aura une fois goûté cette confiture animale, ne voudra plus manger autre chose. Alors, on ne conservera plus que les os, et on jettera la viande aux chiens. Une autre fois, Monsieur, je vous dirai comment, avec du vin de Surène, je fais un vin de Chypre bien supérieur à celui qu'on boit sur les lieux. »

« Et vous, Messieurs, n'avez-vous pas aussi quelques découvertes à annoncer au public? »

« Moi, j'enseigne la grammaire en douze leçons. »

« Moi, je fais mieux encore. L'enfant qui suit mes cours pendant trois mois sait autant de latin que Cicéron. »

« Moi, savant et littérateur, j'ai arraché les épines dont la science des mathématiques était hérissée. Le style gracieux de mes ouvrages aplanit toutes les difficultés. Je sème des fleurs sur le carré de l'hypothénuse, et c'est par un chemin couvert de roses que j'arrive aux sections coniques. Aussi ne me faut-il que quarante jours pour faire recevoir mes élèves à l'école polytechnique. »

« Messieurs, j'admire vos talens, et demain j'annoncerai à mes abonnés que vous menez l'intelligence en poste, et que, grâce à vos procédés expéditifs, nos enfans apprendront sans peine, et presque en dormant, ce qui a coûté à leurs pères plusieurs années d'études. »

Ces instituteurs vélocifères sont de plaisans originaux! et il faut convenir qu'un journaliste reçoit quelquefois de singulières visites. Heureusement il n'est pas obligé de les rendre. Mais cette dame auteur qui *sent si vivement*, et qui *par hasard rencontre son mari sur l'escalier...* Pourquoi n'irai-je pas lui rendre mes devoirs? son Linval n'est peut-être pas toujours chez elle.

LE MARCHÉ A LA VOLAILLE.

Proscrivez sans pitié ces poulets domestiques
Nourris en votre cour, et constamment étiques,
Toujours mal engraissés par des soins ignorans;
Ne connaissez que ceux de la Bresse ou du Mans.
          Gastronomie, chant. III.

Vante qui voudra le Marché aux fleurs; moi, je préfère le Marché à la volaille, qui frappe plus fortement mon imagination; non que je refuse aux fleurs aucun de leurs brillans avantages. Je sens, comme un autre, le pouvoir irrésistible d'un pot de scabieuse sur une ame mélancolique. Je ne sais point me défendre contre ces douces émotions dont la tulipe attendrit les cœurs disposés à les recevoir; mais le règne animal, auquel, d'après tous les naturalistes anciens et modernes, j'ai l'honneur d'appartenir, me paraît plus digne des méditations du sage que ces plantes inanimées, insensibles au plaisir, insensibles à la douleur. Ainsi, que le Marché aux fleurs cède le pas au Marché à la volaille; car c'est à la Vallée que l'observateur sentimental trouve surtout à qui parler.

Je le demande à tout Parisien bien né : peut-il voir d'un œil sec tant de bêtes à plumes, tant de bêtes à poil condamnées à une mort violente, sans avoir été entendues dans leurs moyens de défense? Peut-il, sans frémir, assister au supplice de ces innocentes victimes, entendre leurs cris plaintifs, voir leur sang couler? Quelle est touchante la dernière heure du pigeon! quelle est douloureuse l'agonie du canard! Ah! quoi qu'en puissent dire les amis des fleurs, les dindons sont plus sensibles que la sensitive. Mangeons-les, ces infortunés, puisque leur chair, bien préparée, est en effet de très-bon goût; mais, au moins, sachons les plaindre, couronnons de fleurs la victime que nous sacrifions à notre gourmandise.

Manibus date lilia plenis ;
Purpureos spargam flores.

La cloche a sonné. Les charrettes arrivent à la file : les marchands se placent, et le commis taille sa plume. Ce dernier est l'officier civil des poulardes et des chapons ; il inscrit sur ses lugubres tablettes tout ce qui entre dans ce vaste édifice, tout ce qui sort de cette conciergerie des volatiles. Il constate les décès des bécasses, et délivre au besoin l'extrait mortuaire de la perdrix. Grâce à son écritoire, fixée sur son abdomen, nous savons combien, en une année, Paris mange de mauviettes. Ainsi se font les bonnes statistiques.

Voyez maintenant, avec moi, tous ces oiseaux différens de noms, de grosseur et de plumage, depuis le faisan, le pluvier doré et la pintade azurée qui doivent orner la table du riche, jusqu'à l'oie qui, plus simple, plus modeste, sera, aux bons jours seulement, le régal splendide du savetier et de ses enfans ; et qui souvent achetée vivante encore...... *horresco referens*, servira au féroce plaisir de quelques rustres des environs de Paris. On la verra suspendue, pendant deux heures, entre deux poteaux, jusqu'à ce que le bâton meurtrier.........

Barbares! arrêtez. Les bêtes ont une ame, et vous..... Ils ne m'entendent pas. L'oie n'est plus. Voilà ce qu'elle a gagné à naître au sein d'une nation civilisée, qui vante sa douceur, son humanité, et qui a le bonheur de posséder deux ou trois cents académies. Mais admirez la bizarrerie du sort. A Rome, les oies étaient nourries et entretenues aux frais de l'état, qui ne pouvait oublier le service qu'elles lui avaient rendu. A Vanvres et à Vaugirard, la cruauté de leurs bourreaux est ingénieuse à prolonger leurs angoisses. Malheureuses volatiles! c'est bien vous qui nous apprenez qu'il n'y a qu'un pas du Capitole à la roche Tarpéienne.

Voyez encore ces beautés, naguère l'ornement du sérail d'un superbe sultan, d'un coq à bonnes fortunes, qui, toujours entreprenant, toujours heureux, ne trouvait point de cruelles parmi ses timides compagnes, que le plaisir, autant que le devoir, soumettait à ses lois. Voyez, ames sensibles, dans quel état elles paraissent à nos yeux! Combien leur pudeur a dû souffrir au moment où une main cruelle les a dépouillées du vêtement que la nature leur avait donné! Jadis, si d'une voix trop bruyante leur vainqueur chantait son triomphe et ses exploits, dont l'Amour même était étonné, honteuses, elles se cachaient dans la foule, et semblaient se plaindre de l'amant indiscret qui trahissait leurs douces faiblesses : et voilà qu'un avare marchand expose leurs charmes les plus secrets aux regards avides des curieux, et spécule sur leur nudité.

Le sultan gît près de ses odalisques ; mais, plus malheureux qu'elles, il a subi l'affront le plus sanglant auquel un coq généreux puisse être exposé. C'est en qualité de chapon qu'il paraîtra dimanche prochain sur la table d'un honnête bourgeois, que la bonté de son naturel rend trop facile à tromper; car, à la Vallée, on ne fait point sa cour au sultan, on caresse fort peu les odalisques. Tous les hommages, tous les vœux sont pour les eunuques du sérail. Chacun se dispute leurs dépouilles mortelles. De leur vivant, ces pieux cénobites, observateurs rigides du vœu de chasteté, sont élevés avec soin dans des conservatoires, non pour que leurs voix efféminées charment nos oreilles sur un théâtre ou dans

un oratorio, mais afin que leur chair, plus tendre, accommodée au riz ou au gros sel, flatte
nos palais délicats. Ainsi la table a aussi ses
martyrs, et notre sensualité, pour se satisfaire,
ne se fait aucun scrupule d'outrager la nature.
J'avais bien raison de le dire, la Vallée est
sentimentale.

Je plains moins le dindon. C'est un esprit
méditatif, un penseur, un philosophe préparé à
tous les coups du sort. Quand je le vois traver-
ser Paris pour arriver à la Vallée, la lenteur de
son pas me fait juger que son ame est tranquille.
Il sait quelle destinée le menace au terme de son
voyage. Il la subira avec courage et sans osten-
tation ; aucun acte de lâcheté ou d'un désespoir
féroce ne souillera ses derniers momens. Pour ne
point tomber dans les mains de ses ennemis,
Caton se donna la mort ; le dindon l'attend sans
la désirer ni la craindre. Socrate fit-il mieux ?
Mais cette résignation héroïque ne peut servir
d'excuse à notre barbarie. En vérité, nous mon-
trons peu de charité pour les bêtes ; cependant........ écoutez, mes amis, et ne vous fâchez
pas. La métempsycose n'est pas le plus fou de

tous les systèmes que la philosophie a inventés. Un jour, peut-être..... Mais éloignons ces idées trop lugubres, et tâchons de bien digérer, en attendant qu'on nous digère à notre tour.

« Place! place! le voilà! — Qui donc? — Vous ne le devinez pas? c'est M. ***, qui, dans une de ces *promenades nutritives*, arrive de la Halle et descend à la Vallée. » Une députation va le recevoir à la porte; on se range avec respect lorsqu'il passe. Toutes les marchandes se lèvent à son approche et briguent à l'envi l'honneur de le servir; il est pour elles un grand dignitaire. Ce n'est que dans l'intimité qu'elles l'appellent monsieur; en public, elles lui donnent du monseigneur. Et pourquoi? parce qu'il est le dispensateur de la gloire gastronomique; parce que, tels qu'une rosée bienfaisante, ses regards protecteurs fertilisent une échoppe, et que la plus légère mention honorable dans ses archives gourmandes est une pluie d'or pour la marchande bien avisée qui sait l'obtenir. Suivons-le; il parcourt le marché; vous diriez un souverain visitant son Louvre. Cependant quelques amateurs, ses élèves dans l'art d'Apicius, l'ont reconnu, salué, entouré ; ils attendent en silence les oracles qui vont sortir de sa bouche.

M. ***, enflammé par tous les objets qui sont exposés à ses regards, entre en verve, et célèbre, dans une prose poétique, Périgueux, patrie des bonnes dindes aux truffes ; le Mans et la Flèche, terres nourricières des poulardes et des chapons ; Strasbourg et Toulouse, qui nous envoient les meilleurs pâtés de foie gras. « Vous voyez, Messieurs, dit-il en finissant, et avec une émotion qu'il ne cherche point à dissimuler, vous voyez que les ressources de ce bel empire sont immenses. Paris est sans contredit la capitale de l'univers, puisque la Vallée est toujours bien fournie. » En achevant ces mots, il sort du marché, après s'être assuré trois légitimations. Celui-là, au moins, ne se plaindra pas de l'ingratitude de son siècle. La Halle et la Vallée sont reconnaissantes ; elles escomptent en comestibles les lettres de change qu'il tire sur la postérité.

On a dû voir que j'étais ici sur mon terrain. En effet, le Marché à la volaille est ma promenade favorite ; j'y fais le mercredi et le samedi un cours de mœurs gourmandes sur les nombreux amateurs qui s'y rendent de toutes parts ; j'ai, d'ailleurs, pour ami, un des fournisseurs les plus fameux de la Vallée : j'ignore si, dans ses momens de loisir, il va servir de témoin au Palais, mais c'est un fin Manceau qui connaît bien *la place*, comme disent ces messieurs du café Tortoni. J'en ai fait mon Asmodée. Si, pour m'instruire, il ne découvre pas le toit des maisons, au moins me fait-il bien connaître les différens intérêts qui agitent les chalands.

Dernièrement, pendant que je l'accompagnais, se présente à lui un homme préoccupé, comme un auteur dont on va jouer la pièce nouvelle. Je le vois acheter les pièces les plus fines et disparaître comme l'éclair, après les avoir payées sans marchander. « Quel est donc ce galant homme qui paraît si rêveur, et qui regarde si peu à la dépense? — C'est, me répondit le Manceau, un jeune restaurateur qui vient de s'établir; ses amis, voulant lui faire une réputation, ont imaginé de lui obtenir le suffrage d'un gourmand distingué que tout Paris connaît, et dont le nom seul fait venir l'eau à la bouche. Ils ont donc invité sa succulence à un dîner que donne aujourd'hui, à ses dépens, le nouveau restaurateur, et dans lequel il doit déployer toutes les ressources de son art. »

Curieux de connaître le résultat de cette grande épreuve, je retourne au marché suivant. « Eh bien! notre jeune homme? dis-je à mon Manceau. — Ne m'en parlez pas; sa gloire va lui coûter cher. Son dîner était des plus fins : au dessert, il attendait son sort. On consulte l'oracle, et voici ce que l'oracle répond, après s'être long-tems recueilli : « Bien, fort bien, mais le dîner était au gras, et, croyez-en mon expérience, on ne peut juger de ces gens-là qu'au maigre. » Et le pauvre jeune homme de recommencer sur de nouveaux frais, de dépouiller le carreau de la Halle de ses plus belles pièces, de dépenser, enfin, en deux jours, la dot de sa femme. Ce qu'il y a de plus affligeant, c'est que je ne lui ai rien vendu pour son second dîner. Le maigre nous ruine, et si l'Eglise voulait m'en croire, son carême ne commencerait qu'au vendredi saint : il serait encore assez long. »

Mon Manceau m'a raconté bien d'autres anec-
dotes; mais je ne veux pas déflorer davantage le
petit *Gourmandiana* que je publierai incessamment, si toutefois M. Coùsin d'Avalon veut bien
le permettre.

<hr>

— N° III. —

<hr>

UN SAGE ET UN FOU,

DIALOGUE.

—

Quanti pazzi per un' savio !
              Dicton italien.

Que de fous pour un sage!

HIPPOLYTE.

C'est Ariste, je ne me trompe point. Qu'es-tu
donc devenu depuis cinq ans que nous sommes
sortis de notre lycée? Ne m'avais-tu pas dit que
tu voulais suivre la carrière des lettres? Voyons :
qu'as-tu fait? Quel chef-d'œuvre est le fruit de
tes veilles? Je n'ai encore vu ton nom sur aucun
frontispice , sur aucune affiche de spectacle.
Sais-tu bien, Ariste, que tu es un grand pares-

seux? C'est une honte, aujourd'hui, dans la
littérature, de n'être pas célèbre à vingt-deux
ans.

ARISTE.

Cette précoce célébrité n'a rien qui me tente ;
il faut semer pour recueillir. Convaincu que nos
maîtres nous ont seulement appris à apprendre, je recommence et perfectionne mes premières études. Je tâche d'acquérir d'utiles connaissances ; je veux réfléchir, enfin, avant
d'écrire. Mais qu'as-tu donc à rire? Ce que je
dis est-il si plaisant?

HIPPOLYTE.

On ne peut pas davantage. J'en ferai un fort
joli couplet dont tu seras content. Pauvre penseur! tu dois bien t'ennuyer. Crois-tu donc que
Pannard, Collé, Favart et bien d'autres, ont
tant réfléchi? Ils riaient, chantaient, et s'im-
mortalisaient le verre en main. Voilà mes maîtres, mes dieux. Déjà ils reconnaissent en moi
l'un de leurs plus fidèles disciples. Intéressé pour
un quart dans une douzaine de vaudevilles,
applaudi dans la rue de Chartres, aux Variétés,
et ailleurs encore, je compte mes triomphes par

le nombre de mes pièces. Cultivant les Muses,
sans négliger mes plaisirs, m'illustrant et m'a-
musant tout à la fois, je couronne mon front de
myrtes et de lauriers. Demande de mes nouvelles au rédacteur de l'*Almanach des Muses*.
Son recueil n'oserait se montrer s'il n'était em-
belli de mes couplets. Ils me coûtent si peu! j'ai
acquis une si grande facilité!..... Imagine-toi,
Ariste, que je fais mon quart de vaudeville en
déjeunant à la fourchette. Ce genre est frivole,
j'en conviens; ne crois pas, au moins, que je
m'y livre tout entier : j'ai des vues plus élevées.
Je me souviens que Piron, illustre à la Foire,
composa *la Métromanie*. Je fais des vaudevilles
pour mon plaisir; je fais des mélodrames pour
ma gloire.

ARISTE.

Je ne savais pas tout cela.

HIPPOLYTE.

Je le crois bien; tu vis comme un trappiste;
tu fuis les sociétés honnêtes : on ne te voit ni
dans les coulisses, ni dans les cafés où se ras-
semblent les littérateurs aimables. Mais où vas-
tu donc? Ingrat! c'est bien mal à toi d'aban-

donner les Muses qui t'auraient comblé de leurs faveurs. Tu étais né avec de si heureuses dispositions ! N'as-tu pas , oui , je m'en souviens bien, tu as remporté le prix d'honneur. Allons, Ariste, il est bien tems de songer à ta réputation ; un si beau talent ne doit pas rester enfoui. Puisque tu as si bien appris à penser, tu devrais essayer tes forces aux *Jeux gymniques*. J'ai dans la tête un sujet excellent dont je veux te faire cadeau ; entrons dans un café.

ARISTE.

Impossible ; je vais à mon bureau.

HIPPOLYTE.

A ton bureau ! Malheureux ! tu es un homme perdu. Des vers et des arrêtés ! des couplets et des lettres circulaires ! les Muses ne s'accommodent point de cet alliage grossier. N'a-t-on pas voulu m'enterrer aussi tout vivant dans une administration ? J'ai refusé, avec un noble dédain, les places qui m'ont été offertes. Que serais-je aujourd'hui ? un chef de division , bien obscur et tout couvert de la poussière de mes cartons. Le poste est joli pour un enfant gâté d'Apollon ! Ovide dans un bureau ! Anacréon taillant la plume d'un commis!...... on ferait de cette idée un vaudeville bien piquant. J'y songerai.

ARISTE.

Tu as donc dix mille livres de rentes, pour parler ainsi?

HIPPOLYTE.

Fi donc! je n'ai pas le sou, et si tu voulais me prêter un billet de cinq cents francs, tu me ferais grand plaisir! Souvenez-vous bien, Ariste, que l'homme de lettres doit sacrifier la fortune à son indépendance.

ARISTE.

De quoi vivez-vous donc, monsieur l'indépendant?

HIPPOLYTE.

Parbleu! de mon talent. Répondez-moi, à votre tour, Monsieur le questionneur. Homère était-il fermier-général? Le pauvre diable ne savait où dîner. Moi, je suis assailli de dîners en ville. D'abord, la finance s'est chargée de défrayer ma table une grande partie de l'année. Pas une seule fête de famille, à la Chaussée-d'Antin, dont je ne sois l'unique ordonnateur.

Couplets, scènes, proverbes, distribution des rôles, etc., tout repose sur moi. Il faut bien, suivant l'usage, adresser un compliment au maître de la maison. J'y mets de la mesure, de la délicatesse : plus discret et peut-être plus adroit que beaucoup de mes confrères, je loue et ne flatte point. Mon héros est un riche financier. Je le peins supérieur aux plus hautes spéculations, et capable de diriger les finances d'un grand empire. Je cherche enfin, dans notre histoire, quelque ministre célèbre auquel je puisse le comparer. Mais, je l'avoue, ma petite provision de comparaisons commence à s'épuiser. On ne voit plus, dans ces quartiers-là, que des Sully, des Colbert et des Turgot de ma façon. Je me répète tous les jours. Il me faudrait du neuf. Toi, Ariste, qui es un savant, ne pourrais-tu pas m'aider un peu? Mon ami, associons nos talens, et prenons, à forfait, l'entreprise générale de toutes les fêtes de famille de la Chaussée-d'Antin.

ARISTE.

Si je pouvais t'être utile, j'irais au plus pressé, je te débarrasserais de tes créanciers.

HIPPOLYTE.

Je te le défends bien ; ce sont des preuves vivantes de mon mérite : je veux les laisser subsister. La confiance de ces messieurs atteste le cas qu'ils font de mes talens. On ne prête qu'aux bons auteurs, et n'a point, au Parnasse, des créanciers qui veut. Après tout, les miens ne perdront rien ; je leur paie l'intérêt en billets de spectacle. Leur capital est hypothéqué sur un fonds très-solide, qui ne peut jamais leur manquer, sur le produit de mes mélodrames. Aussi fait-il bon les voir le jour d'une première représentation. Comme ils m'applaudissent ! Avec quelle force de poumons ils crient : *l'auteur !* *l'auteur !* Je paierais fort cher une bande de cabaleurs qui ne me serviraient point aussi chaudement. C'est donc pour moi une grande économie d'avoir des créanciers, et je compte bien m'arranger de façon à n'en jamais manquer. Tu vois que je calcule assez bien. Ah ! si j'étais seul, je serais bien riche !

ARISTE.

Es-tu marié ?

HIPPOLYTE.

Pas précisément ; mais il existe quelque part un de ces jolis petits minois que la nature, pour faire parler d'elle, s'amuse quelquefois à former. Je ne te dirai pas où il est : tu me le soufflerais. Ton air de Caton ne m'en impose point. Mon ami, il était tems que je fisse cette connaissance. Un vieil oncle à moi, qui depuis m'a déshérité, ne s'était-il pas mis en tête de me faire épouser la fille d'un de ses amis, riche, si tu veux, mais sans tournure, sans grâce, et qui chantait faux. J'étais noyé si je n'avais pas découvert le trésor que je possède aujourd'hui, une actrice charmante.....

ARISTE.

Une actrice ! il ne te manquait plus que cela.

HIPPOLYTE.

Que veux-tu, mon ami ? je n'ai pas un cœur de rocher. On m'adore ; je me laisse faire. Est-ce ma faute si cette petite est folle de moi ? Ne vois-tu pas, d'ailleurs, le grand avantage de cette liaison ? toutes mes pièces sont reçues avant d'être commencées ; et quand on les joue, quelle ardeur ! quel feu ! en vérité, cela est admirable. Mes dettes et mes amours, mes créanciers et ma maîtresse, tout concourt à ma gloire. J'irai loin, mon ami, j'irai très-loin. Mais je crois apercevoir....... oui, c'est bien lui....... détournons-nous un peu.......

ARISTE.

Qui veux-tu donc éviter?

HIPPOLYTE.

Un butor, le seul de mes créanciers à qui je n'aie pu faire entendre raison.

ARISTE.

Tu lui payes cependant un intérêt fort honnête.

HIPPOLYTE.

Sans doute; mais il ose dire que des billets de spectacle ne sont pas de l'argent comptant.

ARISTE.

Ah! l'impertinent! son capital repose sur un fonds si solide! Pourtant, je te conseille de te tenir sur tes gardes. Cet homme-là pourrait te mener loin, très-loin, beaucoup plus loin que tu ne voudrais aller.

HIPPOLYTE.

Laisse-moi faire : je saurai le punir de ses mauvais procédés ; je lui retirerai la confiance de deux ou trois de mes amis qui l'auraient payé tôt ou tard : c'est un homme ruiné à jamais. Mais, revenons à nos moutons : veux-tu partager mes travaux et t'associer à ma gloire?

ARISTE.

Illustre ordonnateur des fêtes de la Chaussée-d'Antin, ta gloire n'est pas fort séduisante. Très-humble serviteur de quiconque te donne à dîner, tu es, pour tes Amphytrions, un poète à la sonnette. Ils t'appellent, tu arrives ; ils te commandent des couplets, tu les composes ; ils veulent être loués, tu les encenses. Ce métier, sans doute, est fort noble ; mais je n'ai point le courage de le faire ; je ne veux point d'une gloire qui ne s'acquiert qu'aux dépens de la considération personnelle. Jeune, on te plaint encore ; vieux, tu seras méprisé. Sais-tu bien que tu n'es invité chez nos Mondors qu'à condition que tu seras aimable? Cesse de les amuser, et ils te laisseront dîner chez toi, où tu cours le risque de dîner fort mal, à moins que tes créanciers ne se chargent, à leur tour, de défrayer ta table. Tu m'as parlé de tes quarts de vaudeville. Je ne veux point déprécier un genre agréable et vraiment français qui, de nos jours, est encore cultivé avec quelque succès ; mais, plus il est léger, moins il admet la médiocrité. Vous citez toujours, vous autres, et Pannard et Favart ; parlez-en moins souvent, et imitez-les davantage. Je connais tes chefs-d'œuvre, Hippolyte ; à l'instar d'un bon nombre de tes confrères, tantôt tu prends le fade pour le gracieux ; tantôt ton esprit s'épuise en pointes et en calembourgs ; tu cherches à plaire à la multitude, ignorant que ce n'est point la voix du peuple, mais celle de quelques hommes de goût, qui, en littérature, fixe les rangs et décerne les couronnes. Pauvre garçon ! tu songes à la gloire ! Te souviens-tu de l'auteur de *Jeannot,* ou *les Battus payent l'amende ?* Corneille, Racine et Voltaire, ensemble, ont obtenu moins d'applaudissemens que le fameux Dorvigny. Que lui en est-il resté ? Sa gloire, toute populaire, avait disparu bien longtems avant lui. Compte, maintenant, sur les pièces que tu fais jouer aux boulevarts.

HIPPOLYTE.

Il faut convenir, Ariste, que tu as un bien beau talent pour la chaire. Que ne prêches-tu à Saint-Roch? j'irais t'entendre les jours de relâche au théâtre. Tu damerais le pion au Père Bourdaloue; mais je t'avertis que ma conversion te coûtera fort cher. Je suis vaurien par philosophie; la vie que je mène fait mon bonheur.

ARISTE.

Non, tu n'es pas heureux; tu feins de l'être : la vanité, qui se niche partout, fait ton supplice; aucune de tes pièces n'a joui d'une vogue extraordinaire; tu pâlis auprès de ces astres brillans qui répandent sur nos boulevarts une lumière si vive et si éclatante. Les trophées de M. *** t'empêchent de dormir; au seul nom de M. *** tu te réveilles en sursaut; tu entrais en fureur lorsque *la Reine de Persépolis* paraissait sur l'affiche avec toute sa cour. Dernièrement encore, on t'a vu pleurer de désespoir sur les lauriers du *Fanal de Messine*. Cette gloire, puisque tu l'appelles ainsi, cette gloire, qui n'est pas la tienne, empoisonne tes jours, et jamais, je te le prédis, tu ne pourras l'atteindre. Tes premières

*

études t'ont beaucoup nui dans la carrière que
tu parcours aujourd'hui. C'est un grand point,
pour réussir sur certains théâtres, de n'avoir
point été gâté par la lecture des bons écrivains.
Résigne-toi donc à rester médiocre dans un genre
détestable.

HIPPOLYTE.

Je sens, mon ami, que la grâce commence à
opérer; mais l'honneur me défend de me rendre
à la première sommation. Quand nous reverrons-
nous?

ARISTE.

Quand cela te fera plaisir; donne-moi ton
adresse.

HIPPOLYTE.

La quelle? Celle d'aujourd'hui ou celle de
demain? Veux-tu ne pas me manquer? viens me
trouver au café de ***; c'est mon cabinet d'é-
tude. A revoir, jeune sermonneur.

ARISTE.

Adieu, jeune fou.

<hr>

— N° IV. —

<hr>

PROMENADE DANS PARIS.

—

Paris est pour le riche un pays de Cocagne,
Sans sortir de la ville il trouve la campagne.
BOILEAU, *Satire VI.*

J'AI toujours eu du goût pour les voyages, et sans l'opiniâtre résistance de mes parens, j'aurais déjà, depuis long-tems, visité tous les villages des environs de Paris, et publié, pour le progrès des sciences, le résultat de mes observations ; mais mon père me disait sans cesse : « Il faut renoncer aux voyages ; je ne veux pas de Robinson dans ma famille. » Et ma mère, qui en cela seulement était d'accord avec son mari, ne manquait pas d'ajouter : « Votre père a raison ; pierre qui voyage n'attrape point de mousse. » Obéir à ses parens est le devoir d'un bon fils. Cela se dit encore dans la rue de Buffon.

Mais quand on est marié on n'obéit qu'à sa femme, et c'est bien assez. La mienne, dans le commencement, me retenait du matin au soir à la maison; peu à peu elle se relâcha de sa sévérité. Enfin, le troisième mois de notre mariage, elle me donna carte blanche, et me dit que je pouvais aller là où bon me semblerait. On voyagerait long-tems avant de trouver une femme aussi aimable.

Au moment de notre séparation, elle me serra dans ses bras, et me fit promettre de lui donner exactement de mes nouvelles. A peine avais-je fait trois pas, que je regardai derrière moi pour lui dire un nouvel adieu; mais je ne la vis plus; elle avait fermé sa porte. Cette preuve de sa tendresse et de son exquise sensibilité augmenta le regret que j'avais de la quitter. Cette femme-là m'adore, répétais-je encore en enfilant la rue Copeau, et j'avais quelque envie de revenir sur mes pas; mais le sort en était jeté, et quoique la lune rousse fût dans son croissant, ce qui aurait effrayé un voyageur moins intrépide que moi, je poursuivis ma route. Je ne publie aujourd'hui qu'un journal fort succinct de mon voyage. Ma relation complète paraîtra lorsque mon homme de lettres et mon graveur auront terminé la besogne dont je les ai chargés.

On ne trouve rien de très-remarquable de la rue Copeau à la place de l'Estrapade ; mais quand on est une fois arrivé à cette latitude, il faudrait avoir une bien mauvaise vue pour ne pas découvrir le clocher du Panthéon. Comme j'étais fort pressé, je ne pris pas le tems de visiter ce beau monument : ce qui cependant ne m'empêchera point de le décrire, et même de le juger dans mon ouvrage. Car, nous autres voyageurs, avons l'habitude de parler de beaucoup de choses que nous n'avons jamais vues. Souvent même, faisant le tour d'un royaume étranger sans sortir de notre chambre à coucher, il nous suffit d'acheter un manuscrit pour acquérir une brillante réputation. C'est ce qui est arrivé à l'illustre M. de *** ; mais un peu de charité. Paix aux vivans.

De la place de l'Estrapade à la rue Saint-Hyacinthe d'Enfer, cent cinquante-sept enjambées. Le compte est juste : on peut le vérifier. Vous descendez ensuite, par une pente très-rude, à la place Saint-Michel. L'illustre M. Hurtaut, dans son *Dictionnaire de la ville de Paris*, a donné une description fort exacte de cette place et de ses aboutissans. C'était un homme prodigieusement instruit que ce M. Hurtaut; il connaissait, mieux que le doyen des cochers de fiacre, toutes les rues et tous les carrefours de la capitale. Ainsi, toute réflexion faite, je copierai M. Hurtaut; mais je ne serai point assez indiscret pour le dire à mes voisins. Nous autres voyageurs, avons encore l'habitude de voler nos devanciers sans scrupule. On dirait que nous nous moquons du public, qui nous le rendrait bien s'il nous prenait sur le fait; mais il est si bon, ce public! On le trompe tous les jours. S'en plaint-il?

Tout voyageur, allant de la place Saint-Michel au Pont-Neuf, doit prendre, sans balancer, la rue des Francs-Bourgeois et celle des Fossés-Monsieur-le-Prince. C'est la route la plus sûre. En la suivant, vous avez l'Odéon à votre gauche. Ce théâtre, assez fréquenté, a renouvelé son répertoire. Les drames de M. M*** y ont pris la place des pièces de Molière. Je fais le plus grand cas de ces deux auteurs; mais on

prétend que leur comique n'est pas tout-à-fait
du même genre ; on va même jusqu'à dire qu'ils
ne sont pas d'accord sur ce qui constitue la
bonne comédie. Cette diversité d'opinions afflige
les amateurs. Ils désireraient que les maîtres de
l'art voulussent bien s'entendre, et leur dire
s'ils doivent rire ou pleurer à la comédie. Quant
à moi, je ferai tout ce qu'on voudra.

A droite, et en marchant toujours du sud au
nord, vous apercevez bientôt le café Zoppi,
fort célèbre, avant la révolution, sous le nom
de Procope. C'était le rendez-vous des gens de
lettres, qui venaient y causer de leurs affaires ;
et comme à cette époque les gens de lettres, académiciens ou autres, avaient fait leurs études,
on gagnait quelque chose à les entendre. La mé-
taphysique, la littérature, la politique, étaient
les sujets ordinaires de leur conversation, et,
sauf Dieu, le gouvernement et M. Fréron, tout
le monde n'avait qu'à s'applaudir de ces intéressantes discussions.

Le chocolat que je pris au café Zoppi était excellent : je ne crois pas qu'on le fasse aussi bon
dans notre quartier. Il est vrai que le chocolat
dont nous nous servons, composé suivant les

principes d'un chimiste moderne ; ne contient ni sucre, ni cacao; ce qui, quoiqu'on glose, est une grande économie dans un ménage.

Mon déjeuner fini, j'entrai dans le cabinet de lecture, et toutes les feuilles politiques étant retenues pour une heure ou deux, je parcourus les journaux de médecine, qu'on ne lit pas assez. Ils semblaient ce jour-là s'être donné le mot pour habiller de toutes pièces un certain M. Pradier qui se permet de soulager les pauvres goutteux. Bon Dieu! comme ils le traitaient! Jamais je n'ai vu la faculté si fort en colère. Le journal de *Pharmacie* (tant de fiel entre-t-il dans l'ame des apothicaires!), le journal de *Pharmacie* lui-même, qui est ordinairement si benin, si benin, avait cru devoir, dans cette circonstance solennelle, composer une petite philippique contre l'emplâtre de M. Pradier. De quoi diable s'avise aussi cet original de vouloir diminuer le nombre de nos maladies incurables? Ne dirait-on pas que nous en avons trop ?

Il n'y a qu'un pas du café Zoppi à la rue Dauphine qui vous conduit au Pont-Neuf, pont très-solide et qui se tient bien sur ses arches. Quoique, malgré le nom qu'il porte, il ne soit pas fait d'hier, je ne le troquerais point contre deux de ses cadets. Frappé du tableau vivant qu'il offrait à ma curiosité, je ne pouvais me lasser de contempler cette multitude qui le traverse dans tous les sens pour se rendre où ses affaires, où ses plaisirs l'appellent ; mais ce qui m'amusait le plus dans cette lanterne magique, c'étaient les plaideurs et les dindons qui allaient se faire plumer, les premiers au Palais, les seconds à la Vallée. Voilà de ces réflexions, de ces rapprochemens qu'on désirerait trouver dans les voyageurs ; mais lorsqu'ils visitent un pays lointain, l'homme les occupe bien moins que les singes, les perroquets et les serpens à sonnettes.

On m'a conté, et vous l'avez sans doute appris comme moi, qu'il suffisait autrefois de s'arrêter un instant sur le Pont-Neuf pour y voir passer un moine blanc, un cheval gris et une demoiselle de bonne humeur. Le moine ne passe plus ; mais on n'y perd rien, car il passe deux demoiselles au lieu d'une. Quelqu'un m'a dit que c'était la philosophie qui avait supprimé les moines blancs. Ne serait-ce pas elle aussi qui aurait augmenté le nombre des demoiselles de bonne humeur? Cette question est de la plus haute importance. J'ai donc ordonné à mon homme de lettres de la traiter à fond dans mon ouvrage au chapitre *Philosophie.* — *Pont-Neuf.*

Si beau que soit un pont, on ne peut pas y coucher. J'allais donc, après une heure de séjour, m'éloigner du Pont-Neuf, lorsque je m'aperçus avec une douleur bien vive qu'il serait, au premier jour, privé de son principal ornement. Ce magnifique édifice, auquel il doit une bonne partie de sa gloire et du bruit qu'il fait dans le monde, va tomber, victime innocente du ressentiment de quelques musiciens *. Oui, les harmonistes n'ont jamais pu lui pardonner cette douce mélodie qui, à certains jours, égayait les deux rives de la Seine. Pauvre Samaritaine! c'est ton carillon qui t'a perdue! Ainsi finit la huitième merveille du monde, que tous les amis des beaux-arts contemplaient avec admiration. Et l'on nous parle des embellissemens de Paris! Ces tristes réflexions m'absorbaient tellement, que je ne fis aucune attention à cette grande maison qui s'étend du Pont-Neuf au jardin des Tuileries, où devait se terminer mon premier

* Depuis que l'auteur a écrit ces lignes, la Samaritaine a disparu.

voyage. Je lui en demande bien pardon ; mais elle ne perdra rien pour attendre. Le Louvre et moi nous nous reverrons.

Après avoir fait connaissance avec les canards blancs du grand bassin, j'allai me placer dans un groupe où se discutaient les intérêts de toutes les puissances. J'appris là bien des choses que j'ignorais ; mon journal ne me dit pas tout ce qui se passe. Un de ces messieurs venait de recevoir une lettre de Canton, gros endroit de la Chine. On lui mandait que les Tartares ou Tartary , comme le veut M. Langlez, avaient fait une irruption dans le pays, et que l'empereur, dont je n'ai pas retenu le nom, tant il est chinois, marchait à leur rencontre ; un autre politique assurait que le souverain de Maroc équipait une flotte très-considérable pour s'emparer de Gibraltar qui l'offusquait depuis long-tems. Ces gens-là, me disais-je, sont certainement d'anciens ambassadeurs qui conservent encore des relations dans les cours où ils ont résidé.

Voici venir à nous un petit homme tout essoufflé. « Eh bien, Messieurs , savez-vous la grande nouvelle? Le dey d'Alger vient de se faire baptiser par un évêqué *in partibus*, et il déclare la guerre à son confrère le bey de Tunis. Le fait est sûr, j'ai lu une lettre de Marseille. — Je vous l'avais bien dit, s'écria aussitôt un de mes voisins, porteur d'une figure fort amusante ; je vous l'avais bien dit que tôt ou tard nous leur ferions entendre raison. Je cours annoncer cette nouvelle à M. le curé, qui s'en réjouira bien. » Je demandai quel était ce bon chrétien qui s'inté-ressait tant au baptême des puissances barba-resques. « C'est, me dit-on, le bedeau de Saint-Roch. » Je conviens que, dès ce moment, je n'eus plus une si haute idée de mes ambassadeurs. Après tout, je ne serai point leur dupe, et puis-que leurs nouvelles viennent d'outre-mer, je les mets en quarantaine.

Ce qu'on a de mieux à faire, quand cinq heu-res sonnent, c'est de dîner, et cela n'est pas dif-ficile à Paris, où vous trouvez, à chaque pas, de ces hommes généreux qui reçoivent avec ami-tié tous ceux qui se présentent à leur table, et ne vous demandent, pour prix de leur hospita-lité, que le paiement de leurs cartes. Celui au-quel je m'adressai me fit un accueil si gracieux que j'eus beaucoup de peine à me séparer de lui. La nuit commençait à tomber lorsque je songeai à regagner mon gîte, et à calmer les inquiétudes mortelles d'une femme sensible au delà de tout

ce que vous pouvez imaginer. Mais heureusement un de nos voisins y avait songé avant moi,
et ma femme, qu'il n'avait pas quittée depuis mon
départ, paraissait s'être assez bien trouvée de
ses soins. Je le remerciai fort civilement du
service essentiel qu'il m'avait rendu, et, profi-
tant d'une si belle occasion, je le priai de vouloir bien être le parrain de notre premier enfant;
ce à quoi il consentit avec un plaisir que je ne
saurais vous rendre.

SECONDE

PROMENADE DANS PARIS.

—

> On n'entend que des cris poussés confusément :
> Dieu pour s'y faire ouïr tonnerait vainement.
> BOILEAU, *Satire VI*.

Les communications sont devenues très-rares entre les Parisiens du centre et ceux qui ont fixé leurs paisibles demeures dans les environs du pont d'Austerlitz. On assure que leur origine est commune ; mais leurs mœurs, leurs usages, leurs habillemens ne se ressemblent guère ; ils ne parleront bientôt plus la même langue, et ne pourront s'entendre qu'à l'aide d'un glossaire. Tout cela ne me surprend pas. On a cessé de nous visiter. Notre jardin, malgré toute sa magnificence, n'attire que bien peu d'amateurs. Les *aimables* des Tuileries et les *lorgneurs* du boulevart des Italiens ne parlent de nos promenades qu'avec un sourire dédaigneux : il n'y a point jusqu'à l'habitué du Luxembourg qui ne se permette volontiers un mot peu obligeant sur les solitaires du jardin des Plantes ; car les habitués du Luxembourg sont très-malins. Enfin, les choses en sont au point que nous ne verrions personne sans le petit nombre de curieux qui désirent voir les bêtes de la ménagerie.

Comme je crains la monotonie, je pris, pour me rendre au Palais-Royal, une route différente de celle que j'avais suivie il y a trois mois. Les bonnes gens de mon quartier m'avaient fait mille pauvres contes sur les dangers que cette nouvelle route devait m'offrir ; mais, supérieur à de sots préjugés, et non moins intrépide que César se rendant au sénat malgré les avis sinistres qu'il vient de recevoir, j'entrai sans sourciller dans la rue de l'Ecole-de-Médecine. Ce n'est pas à moi que les médecins font peur. J'aime leur urbanité ; j'apprécie leurs connaissances variées, et je ne suis point assez injuste pour exiger de leur art ce que la nature ne permet pas d'en espérer. Cependant, je l'avouerai à ma honte, par un mouvement dont je ne pus me défendre, et dont je suis encore tout confus, je doublai le pas au moment où je passais devant la porte de l'école. César se serait mieux conduit; mais j'avais encore l'imagination troublée par le souvenir de l'infortuné Mongo-Parck, dont les journaux ont annoncé la fin tragique et lamentable. Je ne puis employer moins de deux épithètes pour caractériser un si triste événement.

Depuis que Germain Brice, Felibien, Piganiol de la Force ont publié leurs savantes descriptions, Paris n'est plus reconnaissable. Les révérends pères cordeliers avaient autrefois un fort beau couvent en face de l'Ecole-de-Médecine, mais j'affirme que le couvent n'existe plus. Une fontaine l'a remplacé. C'est ainsi que, un peu plus loin, le marché à la Volaille s'est élevé sur la place qu'occupait un autre couvent il y a quelques années. On entend glousser des dindons là où, avant la révolution, les grands-augustins chantaient *matines* et *laudes*. Ce contraste bizarre confond la sagesse humaine. Quelles sublimes pensées Bossuet saurait y puiser! qu'il serait éloquent près du marché à la Volaille! Mais j reviens aux dindonneaux. Ils sont logés aujourd'hui comme des princes; leur résidence est un Louvre. Je soupçonne qu'ils aimeraient qu'on les traitât avec moins de distinction, et qu'on leur permît de vivre un peu plus long-tems. Mais pourquoi sont-ils si tendres? D'ailleurs, si nous les écoutions, nous n'en mange-rions pas un seul, et le rôt manquerait sur nos tables. C'est ce que nous ne devons pas souffrir. Ainsi, néant à la requête.

Mon langage prend la couleur des lieux que je visite : j'arrive au Palais-de-Justice, et déjà je me promène dans la salle dite *des Pas perdus;* bon Dieu ! que d'avocats et de procureurs en robe ! Je ne parle pas de ces clercs, espoir de la grosse, qui doivent égaler un jour leurs pa-trons, s'ils ne les surpassent pas. Il n'y a qu'une grande ville, centre des arts, des talens et de la civilisation, qui puisse offrir un spectacle aussi imposant. Cependant, la salle *des Pas perdus* a beaucoup perdu de son antique splendeur. C'est au moins ce que m'apprit un ancien procureur qui a vendu sa charge dans ces derniers tems, et qui ne vient plus au Palais que pour y cher-cher d'agréables souvenirs.

« Étranger, me dit-il d'un ton lamentable,

vous ne voyez rien. Ces lieux sont déserts ; cette salle est une Thébaïde, moins d'officiers ministériels et surtout moins de plaideurs. Encore ces derniers se font-ils tirer l'oreille avant de consentir à suivre une affaire. J'ai vu des jours plus heureux ; les procureurs ne pouvaient suffire à la procédure ; on eût dit que les procès tombaient du ciel comme une rosée bienfaisante. C'était une bénédiction. Ces beaux jours ont disparu. Les tems sont durs ; chacun s'impose des privations, et retranche quelque chose de ses jouissances. On ne plaide presque plus : on doit bien s'ennuyer ; car vous conviendrez qu'un petit procès est un délassement bien agréable. »

Il se lamentait encore , lorsqu'un clerc vint l'avertir que deux avoués avaient cité devant le tribunal de police correctionnelle l'ennemi le plus terrible de la procédure. Outragés dans un de ses écrits polémiques, ils l'accusaient de diffamation, et demandaient une réparation publique et solennelle. « Et les dommages et intérêts! s'écria mon vieux procureur, dont les yeux s'animèrent d'un feu qui leur était inconnu depuis long-tems, et les dommages et intérêts!

est-ce qu'on les oubliera? Frappez fort; ne ménagez pas l'ennemi commun. Ah! si je n'avais pas vendu ma charge , je ne lui ferais point un procès de paille. »

Pressé d'arriver au terme de mon voyage, je quittai le Palais, et me trouvai bientôt dans la rue de la Monnaie, en face du tableau de *la Fille mal gardée.* J'avais des lettres de recommandation adressées à de fort honnêtes habitans de la maison où ce tableau est exposé à l'admiration des passans. Elles m'auraient valu un accueil très-amical ; et comme l'heure du dîner n'était pas très-éloignée, je suis excusable de ne pas les avoir présentées ; mais, amateur passionné des arts , et surtout de la musique, j'oublie tout, je renonce à tout, lorsque j'entends un orgue de Barbarie.

Vous connaissez cet instrument à l'usage de nos Orphées de l'Auvergne ou du Limousin, et dont la structure, assez semblable à celle de nos meubles les plus vulgaires, faisait dire à un enfant : « Vois donc, maman , cet homme qui joue de la commode. » Vous savez encore combien cet instrument s'est perfectionné de nos jours. Il n'est pas très-rare de voir dans les rues de Paris , et même dans notre rue de Buffon ,

un orgue de Barbarie accompagné par des harpes, des cors et des violons. Ceux qui jouent de
ces instrumens, sans doute moins habiles que les
professeurs du Conservatoire, sont cependant
plus ou moins musiciens. Mais le porteur de
l'orgue est tout simplement un honnête croche-
teur, dont le savoir se borne à tourner une ma-
-nivelle. C'est néanmoins cet homme-machine qui
dirige le concert. Les virtuoses, ses compagnons,
suivent son jeu. Il leur indique l'air et le mouvement. Il est enfin le chef de cet orchestre am-
bulant. Cette singularité m'étonnerait encore,
si on ne m'avait pas assuré qu'elle est une image
assez fidèle de ce qui se passe souvent dans le
monde, où l'on voit plus d'un tourneur de mani-
velle.... Mais vous devez savoir cela beaucoup
mieux que moi; car je vis très-solitaire. Il ne
s'agit point au reste de ce qui se passe dans le
monde, mais de ce qui se passait dans la rue de la
Monnaie, à cinquante pas de la *Fille mal gardée.*

Cette fois, il n'y avait ni harpes, ni cors, ni
violons : l'Orphée aux larges épaules n'avait pas
même à ses côtés son intéressante Eurydice ; il
était seul. Que dis-je seul? et son chien, dois-je
l'oublier? Ah! quel chien! comme son esprit
seconde merveilleusement l'instinct de son maî-

tre ! M. Roger, si vous le connaissiez, votre *phi-lippique* pèserait sur votre conscience, et vous vous repentiriez d'avoir voulu, nouvel Ajax, exterminer de pauvres bêtes, dont je suis bien sûr que, personnellement, vous n'aviez point à vous plaindre. Mais je vous excuse : vous n'aviez pas encore rencontré le chien de l'orgue. Déjà l'illustre auteur du *Génie du christianisme* a reproché à mon ancien voisin, M. Buffon, de n'avoir pas su peindre le chien de l'aveugle. Que va-t-il dire lorsqu'il aura fait connaissance avec le chien que j'ai vu dans mon second voyage? Voici quelles sont ses nobles et touchantes fonctions : M. Roger, prêtez l'oreille, et vous me direz ensuite si ce nouveau client ne mérite pas d'obtenir des lettres de grâce.

Son maître joue et se charge ainsi de faire ouvrir les fenêtres et d'exciter l'attention. Le chien part ; le voilà en campagne, implorant la générosité de tous ceux que les sons de l'orgue, le désœuvrement et l'envie de voir et de se montrer ont conduits à la croisée. Il est là ; je le vois encore ; il est là, devant la première fenêtre. Il est là ; regardez-le bien, assis, l'air suppliant, l'œil vif cependant et animé par l'espérance. Sa queue s'agite, tout son corps tremble, il aboie ; je me trompe, il parle, il prie. Une pièce de monnaie tombe, il la saisit : elle est déja aux pieds de son maître. Il repart : autre quête, instance nouvelle, nouvelles supplications. Ne craignez pas cependant qu'il soit indiscret et qu'il veuille lasser votre pitié : vous lui avez déjà donné, il ne vous demande plus rien. Une triste expérience lui a appris que bien rarement la main de l'homme s'ouvre deux fois de suite pour un bienfait ; ce sont de nouveaux bienfaiteurs qu'il va chercher. Noble dévouement ! Qui peut porter cet animal sensible et généreux à faire pour autrui, pour un maître quelquefois dur et ingrat, ce qu'il ne ferait pas pour lui-même ? Il sait que l'amitié ne vit que de sacrifices : il s'immole pour son ami. Nous n'en faisons pas autant.

Mon chien, son maître et l'orgue de Barbarie m'ont retenu bien long-tems. Il faut que je hâte le pas, si je veux dîner avant six heures. Mais un musard sait-il jamais quand il dînera ? Je me trouvais dans les environs du café Touchard. D'honnêtes badauds étaient rassemblés à la porte, et je courus bien vite en augmenter le nombre. Je dirai en deux mots ce qui avait occasioné tout ce tumulte. Quelques artistes dramatiques devaient partir, le lendemain , pour aller jouer en province la tragédie, la comédie, le grand et le petit opéra , le mélodrame et le vaudeville. Il était convenu que la troupe débuterait par *Andromaque*. Mais ne voilà-t-il pas que, pour la cause la plus légère , pour une bouteille de bière que le premier prétendait avoir gagnée aux dominos , et que le second soutenait n'avoir pas perdue, Oreste et Pilade s'injurient, se menacent et sont prêts à se prendre aux cheveux. Mais heureusement une bonne fille , nommée Hermione , vint à bout de les séparer ; et, afin de les mettre d'accord, elle paya de ses propres deniers la bouteille de bière. Je n'en vis pas davantage.

Il était écrit là haut que je terminerais ce second voyage par une bonne œuvre. Faisant , après mon dîner, un tour de jardin au Palais-Royal, je vis une jeune demoiselle qui se promenait seule dans l'allée de la Rotonde, et qui ressemblait un peu à la *Fille mal gardée* de la rue de la Monnaie. Je fis trois pas vers elle ; elle en fit trois vers moi : et, quand nous fûmes ainsi rapprochés, je lui donnai, avec beaucoup de douceur, les conseils que sa position lui rendait nécessaires, m'attachant surtout à tracer le tableau des dangers auxquels son innocence était exposée dans un lieu si fréquenté. Mon triomphe fut complet. L'aimable enfant, qui avait un excellent naturel, consentit à me suivre, et je la rends à la plus tendre des mères qui ne pouvait se consoler de son absence. Ainsi se termina ma seconde odyssée.

PLAIDOYER

EN FAVEUR DES CHIENS ET DES CHATS,

CONTRE M. LE CHEVALIER ROGER.

> ...... Venez, famille désolée ;
> Venez, pauvres enfans qu'on veut rendre orphelins,
> Venez faire parler vos esprits enfantins.
> RACINE, *les Plaideurs*, act. III.

Depuis que j'habite notre petite planète, je n'entends parler que d'abus à réformer. Dans ma jeunesse, on en voulait surtout aux moines. Ils étaient accusés de priver la population d'une partie de ce qui devait lui revenir, et quoique cette accusation fût assez mal fondée, on les supprima, car c'était ainsi qu'on réformait à cette époque. Bientôt tout fut un abus, et réformé comme tel. J'ai même vu le moment où les procureurs..... Mais voici bien un autre scandale. Nos chiens et nos chats sont en danger. Un philanthrope veut nous enlever les animaux domestiques que nous chérissons le plus; il prêche, au dix-neuvième siècle, une croisade contre d'innocentes victimes qui ont des droits sacrés à notre reconnaissance. Et c'est de l'amour du bien public qu'il prétend colorer cet attentat! C'est l'humanité qu'il invoque pour excuser un projet sanguinaire! Il faut convenir que la philanthropie est bien barbare, et qu'à force d'humanité nous sommes devenus bien inhumains! Quoi qu'il en soit, les victimes ne seront pas égorgées sans réclamation; une voix faible, mais courageuse, va s'élever en leur faveur.

Je plaide pour les chiens et les chats défendeurs, aboyans, miaulans, d'une part, contre M. Alexandre Roger, chevalier de la Légion-d'Honneur, demandeur, d'autre part.

« MESSIEURS, dans un procès de cette nature, la moralité des accusés devant nécessairement influer sur la décision de leurs juges, il conviendrait de rappeler ici les heureuses qualités dont la nature a doué la moitié la plus intéressante de nos chiens; mais si je disais tout ce que valent les chiens, nous aurions trop à rougir. Qui d'ailleurs ne connaît pas leur douceur, leur fidélité, leur inébranlable attachement? A qui pourrais-je apprendre que, rapprochés de nous par un sentiment que notre férocité même ne peut anéantir, ils s'associent à nos peines comme à nos plaisirs, devinent et partagent toutes nos affections, nous protégent dans le danger, combattent et meurent en nous défendant? Ce ne sont point, Messieurs, de ces faux amis du jour, esclaves de la fortune, et toujours prêts à vous abandonner dans l'adversité : martyrs généreux de l'amitié, on les voit s'échapper de l'asile doré de l'opulence, où on veut les retenir captifs, et où, comme tant de parasites qui sont loin de les valoir, ils seraient traités magnifiquement, pour retourner dans l'humble galetas du pauvre auquel ils sont attachés par un lien que l'amitié rend indissoluble. Et ce pauvre, que lui restera-t-il, si vous lui enlevez son chien? Le malheureux est un pestiféré; tout s'éloigne de lui, tout le fuit avec une sorte d'horreur; son chien est le seul être qui, dans la nature entière, se montre sensible à sa misère, l'en console par ses caresses, et l'adoucisse en la partageant. Qui l'aimera, si vous lui arrachez ce compagnon de son infortune? Mais jamais un jugement inique n'ordonnera cette cruelle séparation : je me suis adressé à des cœurs sensibles ; les chiens gagneront leur cause.

» Celle des chats est, je l'avoue, Messieurs, plus difficile à défendre. On a généralement mauvaise opinion de leur caractère, et leurs griffes leur ont fait beaucoup d'ennemis. Mais il faudrait aussi se rendre justice. Si les chats sont méchans, nous ne sommes pas très-bons. On les accuse d'égoïsme : et c'est nous qui leur faisons ce reproche ! Ils sont fripons ; qui sait si de mauvais exemples ne les ont pas gâtés? Ils flattent par intérêt : mais connaissez-vous beaucoup de flatteurs désintéressés? Cependant vous aimez, vous provoquez l'adulation. Pourquoi donc faire un crime aux chats de ce qui, dans la société, est à vos yeux le plus grand de tous les mérites? Je ne parlerai point ici de leur grâce ni de leurs gentillesses. Je ne vous peindrai point ces minauderies enfantines, ce dos en voûte, cette queue ondoyante et tant d'agrémens divers, à l'aide desquels ils savent si bien nous séduire et nous intéresser à leur conservation. Des motifs plus puissans militent en leur faveur.

» Si vous détruisez les chats, qui mangera les souris? ce ne sera pas assurément l'auteur du projet qui vous est présenté. On vous parle de souricières!.... des souricières, Messieurs! et qui n'en connaît pas l'influence? des souricières! c'est un piége qu'on vous tend ; gardez-vous bien de vous y laisser prendre. Depuis long-tems, les souris, trop bien avisées, savent s'en garantir. Attendez-vous donc à voir au premier jour la gent trotte-menu ronger impunément tous les livres de vos bibliothèques. On s'en consolerait si elles n'attaquaient que ces poëmes fades et ennuyeux dont nous sommes affligés depuis quelques années. Mais leur goût n'est pas très-sûr : elles rongeront Voltaire aussi volontiers que Pradon. Que dis-je? nos feuilletons eux-mêmes, et nos plaidoyers si beaux et si longs ne seront pas épargnés. D'où je conclus que détruire les chats, c'est rétablir le vandalisme en France.

» Mais, je consens que vous fermiez les yeux sur les souris. Songez au moins qu'un ennemi cent fois plus terrible vous menace. Les rats, à qui les chats en imposent encore, les rats, Messieurs, sont aux aguets ; ils n'attendent que le moment où vous aurez prononcé l'arrêt fatal que mon adverse partie sollicite pour entrer en campagne et venir s'établir dans vos habitations, que vous serez forcés, oui, Messieurs, que vous serez forcés de leur abandonner. Et vous pouvez hésiter encore! Catilina est à vos portes, et vous délibérez! Je vous prie, Messieurs, d'excuser cette véhémence. Il est difficile de conserver son sang-froid quand on parle des rats.

» Votre expérience a dû vous convaincre que les mauvaises raisons ne manquent jamais de venir à l'appui d'une mauvaise cause. S'il fallait en croire mon adversaire, les chiens dévoreraient une grande partie de notre subsistance. Vantez donc, ingrat, la chère que font mes cliens; elle est friande; leur table est fort somptueusement servie. Pourtant votre cœur se soulèverait si la délicatesse me permettait de dire en quels lieux ils trouvent le plus souvent une sale et chétive nourriture. Ce que vous dédaignez est pour eux un régal; et vous pouvez leur reprocher quelques os, déjà bien rongés, que vous leur jetez à regret, et qu'ils paient au centuple par leurs services et leur dévouement! Une observation bien importante, Messieurs, et qui seule devrait sauver ceux pour qui je parle, n'a pu échapper à votre sagacité. On fait sonner bien haut, on calomnie même les repas peu coûteux de mes sobres cliens, et on se garde bien de vous parler de ces volatiles si nombreux, si délicatement nourris et engraissés à tant de frais dans nos basses-cours. On ne vous propose pas de les exterminer en masse. Pourquoi cette indulgence? c'est parce qu'un jour ou l'autre ils seront servis sur nos tables. On ne les accuse pas de trop manger, parce que nous les mangerons à notre tour. Mes cliens et moi, nous soumettons respectueusement cette réflexion à l'équitable sagesse de la cour.

» Suivons l'accusateur. Sa figure favorite est l'exagération. « Le chien, dit-il, porte en lui
» le germe de cette horrible maladie à laquelle
» on n'a pu trouver encore de remède; de cette
» maladie devant qui s'éteignent et disparais-
» sent les affections les plus chères; de la rage,
» enfin, qui vous impose la loi cruelle de fuir
» avec horreur et épouvante, aussitôt qu'ils en
» sont attaqués, la tendre épouse, l'enfant chéri,
» l'ami sensible, qui naguère embellissaient
» votre existence, qui force à les abandonner au
» fer meurtrier, ou bien au fatal somnifère,
» qui, pénétrant au fond de leurs entrailles,
» doit y tarir bientôt les sources de la vie. »
Elle est bien longue, cette phrase, Messieurs!

elle est bien pathétique! Mais qu'en faut-il conclure? une seule chose : lorsqu'on veut noyer
son chien, on ne manque jamais de dire qu'il
est enragé. La race entière doit-elle donc périr
parce que quelques individus, en très-petit
nombre, peuvent nous nuire? Quelle législation
barbare que celle qui, pour trois ou quatre lé-
preux, exterminerait tout un peuple! Si, d'ailleurs, mes cliens sont faits pour vivre en société
avec l'homme, et s'il est démontré que cette as-
sociation est la source des plus grands avantages, ne serait-ce pas une folie d'y renoncer
pour un seul inconvénient qui, quoi qu'en dise
notre ennemi, n'est plus sans remède? Il est
d'autres maladies que nous devons à l'état de société et aux progrès de la civilisation. Ces maladies, qu'on gagne très-facilement, n'épar-
gnent personne, et la robe dont nous sommes
revêtus ne peut même nous en défendre. Cependant, les individus qui nous les communiquent
n'ont point à redouter une cruelle proscription.
Et vous pourriez condamner mes cliens! Prenez-y garde, Messieurs, on veut compromettre
votre autorité, en vous demandant un arrêt qui
resterait sans exécution.

» Femmes sensibles qui aimez si vivement.....

vos mopses, vos bichons, vos épagneuls, vos angoras, joignez-vous à moi pour les défendre ; employez tous les moyens que la nature a mis en votre pouvoir ; n'épargnez ni les larmes ni les sanglots : tout cela vous coûte si peu ! Livrez-vous au plus violent désespoir ; arrachez le peu de cheveux qui vous restent ; faites mieux encore, essayez un évanouissement : jamais plus belle occasion ne s'est présentée ; car ce ne sont pas vos maris qu'on veut vous enlever, ce sont vos chiens et vos chats. Venez donc à mon secours ; aidez-moi à triompher de tous les efforts de mon éloquent adversaire.

» M. Alexandre Roger a bien senti que la nature l'emporterait, et que notre sensibilité opposerait à ses progrès des obstacles qu'il ne lui serait pas possible de vaincre. Je le vois donc s'adoucir vers la fin de sa philippique ; il consent à nous laisser nos amis, mais à des conditions très-rigoureuses. Les chiens et les chats seront tenus de payer, dans le plus bref délai, une imposition proportionnelle, dont les bases sont fixées. Les premiers seront astreints, en outre, à faire inscrire sur les registres de l'autorité locale leur signalement, leur sexe, leur taille, etc., et à porter un collier et une muselière uniformes.

qui seront vendus par l'administration. Les chats ne seront point assujettis à ces désagréables formalités. Vous riez, Messieurs ; attendez un instant, je vais vous faire frémir. Le fidèle compagnon de l'aveugle, celui qui dirige ses pas incertains, qui écarte de lui tous les dangers avec une sollicitude que le besoin d'aimer peut seul expliquer, sera aussi soumis à la taxe. Il paiera dix francs ; sinon son maître infortuné, privé de son conducteur, sera écrasé dans la rue. Les barbares ! ils eussent imposé le chien de Bélisaire.

» J'arrive, Messieurs, à ma péroraison. Ne craignez pas cependant que, suivant l'usage, je cherche à émouvoir votre sensibilité ; non, Messieurs, non. Je ne ferai point paraître devant vous mes cliens, désolés, éplorés, consternés ; je ne vous dirai point, avec un orateur justement célèbre, M^e l'Intimé : *Messieurs, voyez nos larmes.* Notre cause est si juste, si sainte, qu'elle peut bien se passer de ces moyens de séduction dont mes confrères, à commencer par Me Cicéron, ont trop souvent abusé. J'ai voulu vous convaincre plutôt que vous attendrir. Si j'ai produit quelque impression sur vos esprits, hâtez-vous de proclamer l'innocence et le salut des accusés ; leurs bénédictions seront votre récompense. Quant à mon adverse partie, les chiens ne cesseront d'aboyer, et les chats de miauler à son approche : tel sera son châtiment; elle l'a bien mérité. Pour moi, Messieurs, qui ai consacré mes faibles talens à la défense des proscrits, je n'ai plus rien à désirer. »

Au moment où je terminais mon plaidoyer, mon chien avait les yeux fixés sur moi; j'ai cru lire dans ses regards l'expression de sa reconnaissance.

— N° VII. —

MOYEN

DE PARVENIR EN LITTÉRATURE.

—

> L'ignorance toujours est prête à s'admirer.
> Faites-vous des amis prompts à vous censurer.
> . . . .
> Tel vous semble applaudir qui vous raille et vous joue ;
> Aimez qu'on vous conseille, et non pas qu'on vous loue.
> BOILEAU, *Art Poét.*

IL faut convenir que la littérature française se présente aujourd'hui sous un aspect bien imposant : vous ne pouvez faire un pas sans rencontrer quelques auteurs célèbres prônés dans certaines réunions, préconisés dans les journaux, l'un pour ses vers, l'autre pour sa prose, celui-ci pour la profondeur de ses pensées, celui-là pour l'élégance de son style. Il n'est plus de dieux inconnus, chacun a ses autels, ses prêtres et ses adorateurs. Mais pourquoi tant de grands hommes et si peu de vrais talens? Pourquoi tant de réputations et si peu de bons ouvrages? Pourquoi, enfin, cette magnificence apparente et cette misère réelle? Vous êtes trop curieux; gardez-vous d'approfondir ce mystère. Vous ne tarderez pas à découvrir qu'il existe, pour parvenir en littérature, un art tout-à-fait indépendant du mérite de l'écrivain, art qui n'est pas nouveau, mais qui, dans ces derniers tems, a été porté au plus haut degré de perfection.

Bien fou qui, pour se faire un nom dans les lettres, cultive d'abord son esprit et sa raison, attend, pour écrire, que son talent l'ait averti, et laisse ensuite à ses ouvrages le soin de le recommander au public! Il n'obtiendra, pour prix de ses travaux, que les marques tardives d'une estime stérile, et les suffrages paisibles et toujours isolés des hommes éclairés. Moins de talent et plus d'intrigue, moins de force et plus de souplesse, voilà ce qui sert aujourd'hui, voilà ce qui fait les réputations. Nos auteurs ont sagement senti qu'il était plus facile de faire réussir de mauvais ouvrages que d'en composer de bons ; que, d'ailleurs, la postérité se faisait bien attendre, et qu'enfin ce serait, de leur part, une sottise de penser à elle, puisque très-probablement elle ne songerait point à eux. En conséquence, pressés de jouir, ils placent tout leur esprit à fonds perdu, travaillent pour le moment, ébauchent, et ne finissent pas ; mais savent fort bien faire passer leurs croquis pour autant de chefs-d'œuvre. Celui-ci, sans plus de façon, se couronne de ses propres mains ; tout à la fois pontife et dieu, il fait son apothéose, et trouve des idolâtres ; celui-là, plus adroit, confie à des mains officieuses le soin de tenir l'encensoir, et a l'air de ne se prêter qu'avec répugnance à l'adoration de son talent. Peu leur importe ce qu'on pensera d'eux après leur mort ; ils sont canonisés de leur vivant : cela suffit à leurs modestes désirs. En deux mots, il en coûte trop pour acquérir une gloire durable, fruit de longs travaux ; on préfère une célébrité hâtive, image de ces fruits qui naissent en serre chaude et trompent ainsi le vœu de la nature. Mais quels sont les moyens les plus sûrs pour l'obtenir ?

L'influence des dîners sur les succès et les

réputations est aujourd'hui si sensible, si généralement reconnue, que je suis étonné qu'il ne
prenne point envie à tous ceux qui tiennent une
bonne table d'aspirer aux honneurs littéraires ;
ils trouveraient si facilement des complaisans et
des prôneurs! La louange va trouver quiconque
la paie *à vue*. Ces généreux Amphytrions n'auraient besoin ni d'esprit ni de talent ; un cuisinier habile leur tiendrait lieu de tout. La bonté
de leurs mets et de leurs vins serait un sûr ga-
rant de celle de leurs ouvrages. Si, connaissant
l'emploi du tems, quelques-uns aimaient mieux
calculer qu'écrire, eh bien! on écrirait, on pen-
serait pour eux ; on leur donnerait enfin de la
gloire pour leur argent. Il faut donc rendre grâce
à leur modération, si, satisfaits du rôle de Mé-
cène, ils refusent de jouer celui d'Horace ou de
Virgile, qui, en vérité, ne leur coûterait pas
beaucoup plus cher. On ne manquera pas de
crier ici à l'exagération ; mais on serait bien
surpris si j'en venais aux preuves, et si, arra-
chant les masques, je montrais les visages. On
verrait que tel auteur n'a dû ses succès qu'à une
table abondamment fournie, et toujours en per-
manence; on verrait que tel autre a fait préco-

niser dans les journaux un ouvrage dont il n'é-
tait le père que par adoption. Que dirai-je de
ceux qui, cachant leur impuissance sous leur
orgueil, feignent de rougir du renom d'auteurs
imprimés, et nous menacent de ne jamais laisser
échapper les fruits clandestins de leurs nobles
loisirs? Ne voit-on pas l'adulation se prêter aux
calculs de leur sotte vanité, enfler leurs portefeuilles d'ouvrages imaginaires, et leur supposer
tous les talens? Il est vrai qu'il ne leur en manque qu'un seul : ces grands écrivains ont oublié
d'apprendre l'orthographe. Puisque, sous tant
de rapports, les réputations littéraires sont très-
souvent un trafic, il faut espérer qu'incessamment elles se négocieront sur la place, et que
leur *cours* sera rendu public comme celui des
marchandises. Nous saurons, du moins, à quoi
nous en tenir, et ce qu'il en coûte pour devenir
illustre.

Heureux donc, trois fois heureux l'écrivain
sur qui Plutus a jeté un regard favorable ; il n'a
pas besoin de courir après la célébrité ; c'est elle
qui court au devant de lui : les lauriers naissent
sous ses pas, et nous le remercions encore de
vouloir bien se baisser pour les cueillir. Ainsi le

pouvoir des richesses s'est établi jusque dans la
république des lettres. Mais ce que la fortune
fait pour les uns, l'intrigue le fait pour d'autres. Il est des protecteurs sans titres, des Mé-
cènes manqués qui, de leur propre autorité, et
par air plus que par goût, se sont constitués
juges dans un art dont ils ignoraient les premiers
élémens. Leurs salons sont autant d'académies
où la médiocrité s'attroupe pour s'élever au
dessus du talent qui, plus noble et plus fier,
veut faire seul son destin. Là se forment ces af-
filiations littéraires dont les membres jurent de
se défendre envers et contre tous, et de combi-
ner leurs efforts pour enfoncer les portes du
temple de la Gloire. Là, des auditeurs toujours
bénévoles s'extasient sur le mérite des plus faibles productions, donnent au hibou le chant mé-
lodieux du cygne, au roitelet le vol sublime de
l'aigle. Le sort d'un ouvrage approuvé par ces
tripots de réputations est assuré, et est prôné
dans la société long-tems avant l'impression;
et, lorsqu'il paraît, les journaux font le reste.
Le public veut-il réclamer? on le prie de se mê-
ler de ses affaires, et de ne point songer à casser
un jugement rendu par des connaisseurs plus fins

que lui. Le public, au reste, est souvent la première dupe des meneurs : à force d'entendre crier que Psaphon est un dieu, il le croit et se prosterne. Cela lui paraît plus facile que de lire les chefs-d'œuvre de ces grands génies ; mais qu'il les lise ou ne les lise pas, on saura bien lui prouver que leur succès est complet. Une première édition n'a point trouvé d'acheteurs, n'importe ; la seconde paraît au moment où l'on s'y attend le moins. Il faut bien croire à l'heureuse réussite d'un livre réimprimé. Ce moyen, je l'avoue, est un peu dispendieux ; mais quel sacrifice peut coûter, lorsqu'une gloire si pure et si honorablement acquise doit en être le prix !

Tout n'est pas fait encore ; placez vos ouvrages sous la protection de ces patronnes de la littérature, émérites de Cythère, qui, depuis que l'Amour les a condamnées à l'exil, se sont réfugiées près des avenues du Parnasse ; faites-vous introduire chez Cidalise, vantez la finesse de son goût et l'importance de son suffrage ; ne publiez pas un seul vers sans l'avoir consultée. Voilà les hommages qu'elle ambitionne aujourd'hui ; elle en recevait autrefois de plus doux ; mais autre tems, autres mœurs. Cidalise n'est plus jolie; Cidalise s'est fait bel-esprit pour être encore quelque chose. Cidalise craint l'ennui ; elle appelle les gens de lettres pour le chasser ; et quoique la recette ne soit pas infaillible, faute de mieux, elle s'en contente. Ainsi, re-commandez-vous à l'éternel babil de cette cour-tière de réputations. Vous verrez avec quel zèle, quelle ardeur elle portera aux nues votre mince talent dans toutes ses sociétés, et comme tout ce qui n'est pas vous sera décrié par elle. N'ayez aucun doute, vous réussirez ; l'amour propre d'une femme est intéressé à vos succès.

Maintenant que les voies sont aplanies, allez tâter le pouls des vieux académiciens, calculez le nombre d'années qu'ils ont encore à dormir dans leurs fauteuils, et fâchez-vous très-sérieu-sement contre ceux dont le robuste tempéra-ment résiste à toutes les attaques, et semble même se jouer d'une indigestion. On dirait que ces vieillards malins prennent plaisir à désoler les pauvres aspirans qui convoitent leur succes-sion. La mort, cependant, qui n'épargne pas les rois, se hasarde quelquefois à frapper un aca-démicien. Les quarante ne sont plus que trente-neuf, et vous recevez le premier cette agréable nouvelle. Vite, plus de repos ; mettez tous vos amis en campagne ; implorez l'assistance de tous vos protecteurs, puisque vous n'êtes pas protégé par tous vos ouvrages ; frappez à toutes les portes. Votre rival a des titres brillans. Voyez s'il n'est pas quelque moyen de le perdre dans l'esprit de ses juges ; enfin n'épargnez pas les bassesses ; c'est en rampant que vous vous élèverez. La chance vient-elle à tourner contre vous? il ne faut pas vous désespérer. Plusieurs refus, subis avec résignation, sont un titre très-académique. Quelque jour on vous tiendra compte de cette persévérance, et la comparaison faisant pour vous ce que le mérite n'a pu faire, vous recevrez l'aumône du fauteuil, vous serez académicien par charité.

On ne peut ni tout savoir, ni tout dire ; il est sans doute d'autres moyens qui conduisent à la célébrité, et ce serait aux hommes de lettres qui s'en sont servis à nous les faire connaître ; mais ces égoïstes garderont leur secret. Quoi qu'il en soit, et de ces odieuses menées, et de leur succès plus odieux encore, il ne faut pas qu'elles découragent l'écrivain doué d'un talent véritable, et qui ne veut devoir qu'à lui seul

toute sa renommée. Cette célébrité factice, fruit
de l'intrigue, n'est point durable. Il est un juge
qu'on ne vient jamais à bout de corrompre ; c'est
le tems : tôt ou tard il déjoue tous les calculs de
la vanité, demande compte des succès usurpés,
et renverse les autels élevés par la brigue à la
médiocrité.

— N° VIII. —

LES ENSEIGNES.

—

« Je supplie humblement votre majesté de créer,
» pour le bien de son état et la gloire de son em-
» pire, une charge de contrôleur, intendant, cor-
» recteur, reviseur et restaurateur général desdites
» inscriptions. »

MOLIÈRE, *les Fâcheux*, acte III.

MESSIEURS, je n'ai peut-être pas l'honneur d'être connu de vous, et cependant vous ne voyez que moi tous les jours dans les rues, où j'ai, depuis plus de trente ans, élu domicile. Je vous demande bien pardon si je m'annonce ici comme une énigme plus obscure que toutes celles de M. Lucet; mais je vais vous parler plus clairement. Cet homme qui va toujours le nez en l'air et ne regarde jamais à ses pieds, cet homme dont les yeux ne s'abaissent guère au dessous de l'entre-sol ou de l'auvent d'une boutique, qu'on voit tantôt collé contre une affiche, tantôt piqué devant une enseigne, cet homme-là, Messieurs, c'est moi. J'ai fait de tout tems une étude particulière des enseignes, dont je vais, au printems prochain, publier l'histoire. Elle est beaucoup plus importante qu'elle ne le paraît au premier coup d'œil ; elle touche de plus près qu'on ne pense aux progrès des arts et de la civilisation. M. de Bonald a dit, avec beaucoup de justesse, que la littérature était l'expression de la société ; j'en puis bien dire autant des enseignes, et mon ouvrage le prouvera. J'ai lieu d'espérer que ce travail, qui renferme beaucoup d'idées neuves, ne sera pas tout-à-fait sans gloire pour son auteur ; car vous conviendrez, Messieurs, que si une *Histoire morale et politique des enseignes* ne me conduit pas directement à l'académie des inscriptions, il faut désespérer d'y arriver.

J'examine d'abord l'origine des enseignes, et je démontre, par les monumens les plus authentiques, que, si elles ne sont pas aussi anciennes que le monde, on ne peut du moins s'empêcher de les faire remonter jusqu'au déluge ; je ne suis même pas éloigné de croire, avec mon honorable ami M. Fort, docteur de Gottingue, que cette inondation universelle ayant fait disparaître les enseignes qui existaient auparavant, nous a privés des moyens de constater une plus haute antiquité. Cette première partie de mon histoire pourrait être intitulée : *l'Antiquité expliquée par les enseignes*, et servirait de supplément au grand ouvrage de Montfaucon. J'avoue que les inscriptions des premières enseignes connues me parurent d'abord indéchiffrables ; mais ayant été reçu, il y a deux ans, membre de l'académie celtique, je ne tardai pas à découvrir que ces inscriptions étaient en bas breton, langue mère que Noé parlait dans son arche, comme le prouvent les Mémoires de notre société.

Je prends donc, ne pouvant faire mieux, les enseignes au déluge, et, toujours appuyé sur la tradition, je les suis chez différens peuples dont elles me retracent admirablement les mœurs et les révolutions. Je les vois, chez nos pères, simples et naïves, véritables emblêmes du caractère de nos bons aïeux. Ici, deux mains qui

se pressent, avec ces mots : *A la bonne-foi.*
N'est-ce pas l'image de la sûreté dans le commerce, de la candeur dans les transactions?
Aujourd'hui, une pareille enseigne serait souvent une épigramme. Là, ce sont des idées religieuses que réveille le tableau d'un homme à
manteau bleu, qui bénit des épis jaunissans;
l'enseigne de la *Providence*. Plus loin, l'enseigne
du bon saint Nicolas, sauvant du naufrage trois
enfans dans un tonneau battu par la tempête, ne
rappelle-t-elle pas bien heureusement la protection spéciale accordée par ce saint à la galiote
de Saint-Cloud, et à tous ces bons Parisiens,
qui, sans un secours aussi puissant, n'auraient
jamais osé affronter, le dimanche, les dangers
d'une longue navigation sur une rivière pleine
d'écueils? A une époque un peu moins reculée,
on voit s'allier à la simplicité touchante des enseignes de nos pères une gaîté douce et légèrement maligne, comme dans l'enseigne de M. *Le-
dru*, qui posait les sonnettes je ne sais où; dans
celle du perruquier qui rasait aujourd'hui *comptant*, demain *gratis*. Ce fut sur un petit nombre
d'idées pareilles que s'exercèrent, pendant plu-

*

sieurs siècles, la sagacité de nos honnêtes commerçans, et le génie modeste de nos peintres d'enseignes, qu'alors on n'appelait pas artistes. Toujours du respect pour les mœurs et pour les idées religieuses.

Ce respect commença à s'affaiblir dans le dix-huitième siècle. Alors, on vit un perruquier audacieux faire peindre sur son tableau Absalon pendu à un arbre par les cheveux, et ne pas craindre d'y placer cette impertinente inscription : *Une perruque l'eût sauvé*. Celui qui se permit un tel oubli des convenances n'était qu'un simple perruquier; qu'eût-il donc fait s'il eût été coiffeur? Des renseignemens puisés aux sources les plus pures m'autorisent à penser que cette enseigne date de l'époque où parurent l'*Esprit des lois*, l'*Encyclopédie* et l'*Emile*. On ne saurait croire tout le mal que ces ouvrages ont fait aux enseignes. Pour qu'un perruquier affichât, avec tant de scandale, cette légèreté irréligieuse sur un des plus graves sujets de la Bible, il fallait que la philosophie eût déjà fait bien des progrès. Aussi n'est-il plus permis de douter qu'elle n'ait beaucoup contribué à la décadence morale des enseignes. Je crois que personne avant moi ne lui avait encore fait ce reproche, et je suis fort aise d'y avoir songé le premier.

Chacun cherchait alors à sortir de sa sphère, à s'élever au dessus de son état. Les enseignes commencèrent à devenir fastueuses, et à promettre au dehors beaucoup plus qu'on ne pouvait tenir au dedans. C'est vers ce tems qu'un écrivain public, échappé des charniers, vint s'établir sous mes fenêtres, et fit peindre au dessus de son tableau ces mots latins : *Scribere sciunt multi, sed componere pauci*, que je traduis ici très-fidèlement, pour l'intelligence de messieurs les professeurs qui enseignent, par des *procédés expéditifs*, la langue de Virgile et d'Horace : *Beaucoup savent écrire, mais peu savent composer.* Je me rappelle que ma cuisinière fut long-tems *interloquée* de cette belle devise, et que m'ayant prié de la lui expliquer, elle courut se faire écrire une lettre pour un domestique à moi, qui voyageait alors avec mon fils, et qu'elle a épousé depuis, à cause des bonnes qualités qu'elle lui avait préliminairement reconnues. Je vis cette lettre, et je puis vous jurer que le style ne se ressentait en rien de l'enseigne ambitieuse de l'écrivain. Ma cuisinière m'assura cependant qu'elle lui avait fièrement demandé du style à douze sous : la pauvre fille était au moins trompée de six.

Dites après cela, Messieurs, que l'histoire des enseignes d'un peuple ne peut pas servir à l'histoire de ses mœurs. Suivons l'ordre des tems, et arrivons ensemble à l'époque orageuse de la révolution, nous y trouverons bien d'autres preuves qui viennent à l'appui de mon assertion. En effet, l'enseigne a parcouru toutes les phases de la révolution. J'ai vu l'image de saint Nicolas fuir épouvantée devant celle de Cincinnatus ; j'ai vu saint Antoine chassé par Décius, et saint Roch par Cassius ; j'ai vu, en un mot, dans ce tems d'une folie passagère, tous les saints battre en retraite et céder leurs places aux républicains en *us* et en *a*, qui montraient leurs figures sévères au dessus de toutes les boutiques ; de sorte qu'à cette époque, vous pouviez, en vous promenant dans les rues, faire un cours complet d'histoire romaine. Avant la révolution, un marchand avait pris pour enseigne, *David tenant la tête de Goliath*. En 1793, ses voisins l'accusèrent de fanatisme ; on lui refusa son cer-

tificat de civisme. Pour se tirer d'affaire, et s'é-
viter les frais d'une nouvelle enseigne, il fit
seulement changer l'inscription ; le nom de David fut effacé, celui de Brutus le remplaça ; on
lisait donc : *Au grand Brutus tenant la tête de
Goliath.* Le certificat de civisme fut aussitôt dé-
livré. Je pourrais vous citer encore un orfèvre
de la petite ville où je me retirai à la même époque ; c'était un fort honnête homme, orfèvre de
l'évêché, et qui avait pris pour enseigne une
crosse d'évêque. La révolution vint ; il fut nommé
capitaine de la garde nationale ; voilà un nouvel
ordre de choses, de nouvelles idées, et par con-
séquent une nouvelle enseigne : la crosse d'évêque se transforme en crosse de fusil. On m'a
cependant assuré que, depuis quelques années,
la crosse de fusil était redevenue crosse épisco-
pale ; ce qui confirme encore la thèse que je sou-
tiens. Car, Messieurs, lorsqu'en morale, ainsi
qu'en politique, on a découvert un grand prin-
cipe, une de ces vérités éternelles fondées sur la
nature même des choses, on en voit nécessairement découler une infinité de corollaires. Cette
belle phrase est tirée de mon introduction à
l'*Histoire des enseignes*, morceau d'apparat,

dont nos histoires modernes ne peuvent plus se passer. Mais j'en ai dit assez sur les tems qui ne sont plus ; je dois vous parler du tems présent.

Ce qui doit frapper le plus vivement les admirateurs des enseignes modernes, ce sont les progrès qu'ont faits, depuis vingt-cinq ans, les arts du dessin et de la peinture ; on peut en conclure aussi que le nombre des artistes est immense. A voir cette quantité prodigieuse de tableaux , de toutes dimensions, qui ornent le devant de nos boutiques, tableaux de chevalet, grandes machines, et autres, ne croirait-on pas que les rues de Paris sont autant de muséum? En effet, combien d'enseignes ne mériteraient-elles pas d'être exposées au Salon? Un œil plus exercé que le mien distinguerait, j'en suis sûr, les diverses écoles, et celle du peintre des Horaces, et celle du maître qui dessina si fièrement le jeune Achille et le vieux Centaure. Mais! que vois-je? c'est toi, malin Diable, inventeur du luxe et de *toutes les modes nouvelles en France* , te voilà bien placé chez ce marchand de nouveautés; c'est bien toi, avec tes jambes de bouc , ton visage long, ton menton pointu, ton teint jaune et noir, et ton nez écrasé. Te voilà bien avec ton turban de crépon rouge, relevé de plumes de coq et de paon. Mais je me garderai bien de t'amener ma femme ou ma fille ; je craindrais trop pour ma bourse, la vue de ces schalls, de ces perkales et de ces levantines si galamment drapées à ta porte. Un moraliste atrabilaire trouverait ici l'occasion de placer quelques réflexions bien tristes et bien amères ; il dirait que ce n'est point ce petit diable qui préside aux modes nouvelles, mais bien la mobilité du caractère des femmes et l'inconstance de leurs goûts. Dans sa mauvaise humeur, il les comparerait à de véritables Protées qui changent de forme à chaque instant, et ne serait pas même assez galant pour convenir que, quelle que soit celle qu'elles prennent, elles sont toujours charmantes. Peut-être même oserait-il avancer qu'il en est de leurs opinions comme de leurs schalls et de leurs chapeaux, qui leur plaisaient hier et leur déplaisent aujourd'hui. Bannissons la morale qui cause trop d'ennui : cette mobilité qu'on reproche aux femmes est un de leurs attraits les plus piquans ; leur déraison est préférable à l'austère raison de leurs censeurs ; et c'est, d'ailleurs, lorsqu'elles perdent la tête et ne savent plus ce qu'elles disent, qu'on les aime davantage. Je reviens aux enseignes.

Ce n'est point une illusion, c'est bien toi que je vois, charmante actrice, danseuse pleine de grâce et de volupté ; c'est ce ballet dans lequel tu as enchanté tout Paris. Voilà ta vieille mère endormie, voilà ton amant aux barreaux de la fenêtre, tu te hausses pour lui donner ta main à baiser. Garde-toi, du moins, de lui ouvrir ta porte. Bon ! le voilà entré, le voilà près de toi, le voilà..... Il était caché sous ces bottes de paille ; il se montre ; tu parais effrayée, courroucée ; c'est l'usage. Mais, malgré ton courroux, je m'aperçois que tu lui pardonnes ; c'est encore l'usage. Art précieux de la peinture ! par toi la morale court les rues ; tu renforces les leçons du théâtre, qui fait toujours payer un peu cher toutes celles qu'il nous donne ; c'est par toi que nos femmes apprennent à garder leurs filles, comme elles ont été jadis gardées par leurs mères ; mais si, malgré toutes les précautions que tu indiques, la fille est mal gardée, si l'Amour ingénieux triomphe des vains obstacles qu'on lui oppose ; si... Tous ces *si* me mèneraient beaucoup trop loin. Ne cherchons donc point ce qui peut arriver.

Vous avez dû remarquer, comme moi, Messieurs, que, sur beaucoup d'enseignes, les tableaux les plus vrais et les plus animés de la mythologie avaient succédé aux sujets graves et austères de la Bible. L'un et l'autre genre a ses beautés, dont la poésie et la peinture peuvent tirer un grand parti. Mais Dieu veuille que jamais la Bible et la mythologie ne se trouvent réunies, et que jamais on ne voie, sur la même enseigne, Belzébuth sourire à Proserpine, ou le jeune Ganimède verser à boire aux archanges. Ce mélange grotesque, réprouvé par la raison et le bon goût, perdrait mes chères enseignes, comme il aurait perdu la littérature, si les ouvrages bizarres qui l'ont admis avaient pu obtenir un succès durable. La mythologie offre à l'ambition de nos commerçans les sujets les plus nobles ; mais un peu de modestie devrait leur faire rejeter ces enseignes fastueuses qui contrastent avec la nature de la profession qu'ils exercent. Je trouve bon qu'un armurier fasse peindre sur son tableau Vulcain travaillant au

bouclier d'Achille. J'aime à voir ce dieu ban-
croche, noirci par la fumée de ses fourneaux,
faire gémir l'enclume sous le poids de son pe-
sant marteau. Cette enseigne me paraît une
image fidèle de l'atelier qu'elle annonce. Mais
quand je vois un marchand d'écheveaux de fil
ou de soie prendre pour enseigne les *colonnes
d'Hercule*, avec ces mots, *nec plus ultrà*, je ne
crains pas de dire que c'est le *nec plus ultrà* du
ridicule. Vous parlerai-je de ce marchand fri-
pier qui a fait peindre sur son tableau une Renommée avec ses ailes et sa trompette? Je préfère à ces orgueilleuses enseignes la bonne figure
que je vis hier, au dessus de la boutique d'un
marchand de vin de la rue Saint-Honoré, et
qu'on assure être celle du *roi d'Yvetot*, quoique
tous les géographes s'accordent à dire que jamais
une grappe de raisin n'a pu mûrir dans les vastes
états de ce grand monarque.

Nous voici près du temple de Melpomène,
que les auteurs de pièces tombées, avec ou sans
le secours de M. *Leroux*, ne regardent jamais
qu'avec effroi. On donne *les Templiers*; la foule
est grande ; chacun veut voir des moines au
théâtre, depuis qu'on n'en voit plus ailleurs. On

m'a vanté Saint-Prix dans le rôle du grand-maître ; j'en parle à un de mes voisins, qui attend, comme moi, que les portes s'ouvrent. « Tenez, le voilà, me dit-on. — Qui? — Jacques Molay. — Où donc ? — Hé! là, à dix pas ; voyez-vous ce tailleur ? — Quoi! le grand-maître des Templiers dans la boutique d'un tailleur! — Pas tout-à-fait, mais sur son enseigne. Le voyez-vous, en habit de théâtre, disant son fameux *je le savais*, qui a fait tant de bruit ? » Je lève les yeux, j'admire, et je cherche l'analogie qui peut exister entre un tailleur et le grand-maître des Templiers. Il m'a été jusqu'à présent impossible de la trouver. Ces tailleurs ont trop d'esprit pour moi ; ils mettent dans leurs enseignes et dans les inscriptions une finesse qui m'échappe. Remarquez en passant, Messieurs, que beaucoup de nos enseignes modernes ressemblent aux comparaisons des anciens ; ce n'est point par la justesse des rapports qu'elles se recommandent, c'est par l'éclat des couleurs et la magie du style qu'elles se font admirer; mais ce qui frappe tous les esprits, même les plus grossiers, c'est la protection manifeste qu'elles accordent à l'art dramatique ; elles constatent , elles prolongent les succès obtenus au théâtre. Par exemple, je connais assez la légèreté de mes compatriotes pour croire que beaucoup d'entre eux ont déjà oublié le grand-maître et ses preux chevaliers, que cent fagots enflammés ne pouvaient empêcher de chanter *alleluia*; mais qu'importe! l'heureuse idée d'un tailleur rappellera cette pièce à leur souvenir. Elle n'est plus sur l'affiche, mais elle est encore tout entière sur l'enseigne.

L'influence d'un grand homme se fait sentir partout. O Brunet! ce qui vit, se meut et respire à quelques rayons de ta sphère, doit être emporté par elle. J'approche de ce théâtre dépositaire des saines doctrines, sanctuaire du goût, de ce théâtre où chaque soir tu déploies tes rares talens en présence de spectateurs doués du tact le plus exquis, et toujours ivres du plaisir de t'admirer. J'entends déjà les applaudissemens et les bravos qui couvrent ta voix; aurais-tu dit quelque sottise? Non, c'est une de ces fines saillies, un de ces mots piquans auxquels Molière, trop bête apparemment, n'aurait jamais songé. Volez, mots heureux, charmans calembourgs, volez de bouche en bouche; imprimez votre cachet à notre littérature ; parcourez tous les salons et tous les cercles , et faites la fortune de nos aimables jeunes gens , bien plus gais , bien plus spirituels que n'étaient leurs pères. Et toi , acteur incomparable , jouis de ton triomphe , vois ton portrait peint sur cent enseignes ; vois surtout avec quel art nos artistes ont su exprimer l'aisance de tes manières , la grâce de ton maintien , l'expression de ton regard et la malice de ton sourire. Quels riches sujets tu as fournis à leurs talens ! Toi, et les chefs-d'œuvre que tu embellis , vous êtes vraiment faits à peindre ; aussi ne suis-je pas surpris si votre gloire tapisse aujourd'hui les murs de cette ville. Ici , l'on ne parle plus qu'en calembourgs : *aux ciseaux volans*, c'est l'enseigne d'un tailleur ; plus loin, mais toujours sous la même influence : *au Mouton, M. Bêlant*, tapissier. Ces enseignes , et beaucoup d'autres , ne sont , aux yeux de la multitude, que des jeux agréables de l'esprit ; mais un observateur érudit les rattache à l'ordre héraldique, et retrouve, dans le calembourg-enseigne, ce qu'on appelait autrefois *armes parlantes*.

Voilà encore un rapport sous lequel j'ai considéré les enseignes; mais il suffit de l'indiquer ici ; toute discussion savante doit être réservée pour mon *Histoire générale des enseignes*, qui paraîtra incessamment, embellie de gravures, vignettes, culs-de-lampe, enfin de tous ces riches ornemens qui plaisent tant aux amateurs et les indemnisent de la pauvreté du texte.

— N° IX. —

FRAGMENS

D'UN OUVRAGE SENTIMENTAL

DONT LE TITRE N'EST POINT ENCORE TROUVÉ.

—

> Qu'il était triste de voir cet esprit fin et délicat en proie à la douleur ! Ce que je vais dire paraîtra peut-être ridicule à un cœur insensible.... Mais, en vérité, j'aurais pu en ce moment la prendre et la serrer dans mes bras, quoique dans la rue, sans en rougir.
>
> STERNE, *Voyage sentimental.*

CHAPITRE Ier. — L'auteur forme le projet de devenir mélancolique, et s'arrange en conséquence.

Dans une des plus longues soirées de cet hiver, j'ai lu, je ne sais plus où, mais bien certainement j'ai lu quelque part que la mélancolie était la mère du génie. S'il en est ainsi, me suis-je dit, excitons-nous fortement à la mélancolie, nous verrons ce qui en arrivera. Après avoir pris cette ferme résolution, je réformai entièrement mon plan de conduite. J'avais une petite bonne assez gentille, son service m'était fort doux ; mais son teint de rose, son œil vif et animé, son regard qui me voulait du bien, tout cela réveillait en moi des idées beaucoup trop gaies, et n'était pas en harmonie avec mon système de réforme. Ajoutez qu'elle chantait toujours, et choisissait les airs les plus agréables : *Avec les jeux dans le village*, *Premier mois de mes amours*, et autres, qui sont autant de coups de poignard pour un esprit sérieux qui aspire au sublime du genre sombre. Je me connaissais bien ; je savais qu'auprès d'une jolie fille, il me serait toujours impossible de devenir mélancolique. Lisette, d'ailleurs, prenait plaisir à contrarier mon projet. Lorsque j'étais absorbé dans mes profondes méditations, elle m'en faisait sortir par ses espiègleries. Diriez-vous que la petite folle me pinçait le bout du nez au moment où les beautés les plus noires frappaient mon imagination? Je fus donc obligé de la congédier. Le jour qu'elle me quitta, la pauvre enfant avait la larme à l'œil. « Monsieur, me dit-elle, vous me regretterez. » Ces mots, l'accent avec lequel ils furent prononcés, et le regard dont elle les accompagna, pénétrèrent bien avant dans mon cœur. De tous les sacrifices que j'ai faits à ma gloire, voilà celui qui m'a le plus coûté. Les adieux d'Hector et d'Andromaque à la porte de Scée furent moins touchans que les adieux de Lisette et de son maître à la porte de mon allée. Mais j'étouffai ma sensibilité : c'était un parti pris ; je voulais à toute force devenir mélancolique.

Son petit paquet sous le bras, Lisette cheminait dans la rue, faisait trois pas, puis tournait la tête et me regardait tristement. Trop aimable fille, tu croyais sans doute que j'allais te rappeler. Il n'était plus tems. J'avais fait l'heureuse acquisition d'une dame de compagnie, née vers le milieu du dix-huitième siècle, le jour même où Lisbonne fut renversée par un tremblement de terre. Son abord est repoussant, son regard farouche, toute sa figure rébarbative au dernier point. Auprès d'elle, les duègnes les plus refrognées de l'Espagne passeraient pour des égrillardes ; c'est vraiment un trésor pour celui qui veut bannir de chez soi toute idée agréable. Voulez-vous qu'en deux mots j'achève son éloge? Elle a fait long-tems les délices d'un vieux janséniste, qui joua un des premiers rôles dans les convulsions de saint Médard, puisqu'il était le prévôt de salle du diacre Pâris, et l'aidait dans la préparation de ses miracles. Certes, je ne pouvais trouver mieux. Ma maison est donc aujourd'hui montée sur un bon pied ; on n'y rit, on n'y chante jamais ; mais, en récompense, on y grogne du matin au soir, cela est charmant.

CHAPITRE II. — L'auteur s'excite de plus en plus à la mélancolie, et fréquente les théâtres du boulevart. — Il publie un ouvrage qui n'a point de succès. — Son désappointement.

Après avoir réglé mon intérieur, je songeai au dehors. J'avais aimé jusqu'alors la vieille comédie, et même je m'accuse, à ma honte, d'avoir eu un très-grand faible pour Molière. Aussi j'étais toujours prêt à lever ma canne lorsque je le voyais insulté par quelques grimauds du parterre. Autres tems, autres goûts. Molière a du bon, je n'en disconviens pas ; mais, à l'exception du *Misanthrope* , qui est encore un peu trop gai, aucune de ses pièces ne pouvait alimenter mon humeur noire. Je cessai donc d'aller aux Français, et je fréquentai assiduement les grands théâtres des boulevarts. J'ai vu, et j'en frémis encore, tout ce que la *Gaîté* a de plus triste et de plus sombre ; j'ai vu tout ce que *l'Ambigu-Comique* a de plus épouvantable. Grâce à toutes ces merveilles, je devenais mélancolique à vue d'œil ; mais, je l'avouerai, ce genre de mélancolie me coûtait un peu cher. C'est, sans contredit, une fort belle chose qu'un horrible mélodrame ; toutefois, pour l'apprécier dignement, il faut être bien pénétré de cette vérité, que le goût, le bon sens et la grammaire sont les plus grands ennemis du génie, et je me confesse que, sur ce point, je tenais encore un peu à mes anciens préjugés. Ah ! comme j'ai bâillé à la représentation de ces chefs-d'œuvre ! Mais cela ne me décourageait pas ; j'aurais été chercher la mélancolie aux enfers, si on m'eût dit qu'elle s'y était retirée. D'ailleurs, je tiens d'un illustre écrivain du dernier siècle que l'ennui est un des moyens les plus propres à perfectionner l'esprit humain. Courage donc, me disais-je, je marche à coup sûr dans la bonne voie ; car, Dieu merci,

je ne me suis jamais tant ennuyé. Mon espoir
s'accrut encore lorsque je m'aperçus que mon
ennui était d'une bonne qualité ; je veux dire de
celle qui se communique. Tous ceux qui cau-
saient avec moi n'avaient plus envie d'y revenir.
C'était une mauvaise fortune de me rencontrer.
Mes amis, du plus loin qu'ils m'apercevaient,
fuyaient à toutes jambes. L'un d'eux ne s'avisa-
t-il pas de dire un jour que j'étais devenu bête
comme un génie. Ce mot fut pour moi un trait
de lumière ; je vis que j'étais en état de grâce,
et que l'instant était venu d'asseoir les fonde-
mens de ma réputation. En conséquence, je me
hâtai de publier mon premier ouvrage.

Bien m'en prit de ne pas y mettre mon nom ;
car vous savez, grand Dieu ! comment il fut accueilli. Tous les journalistes, qui ne sont jamais
d'accord entre eux, eurent la bonté de se donner le mot pour se moquer de moi. Ce fut un
beau chorus, et je crois que, malgré ma mélancolie, j'aurais ri de bien bon cœur, s'il eût été
question de mon voisin. Cependant M. T......,
dont j'aime le caractère, et qui sait toujours re-
vêtir la critique de formes qui la rendent moins
amère, se contenta d'observer que le sujet était

mal choisi, le plan mal conçu, les réflexions communes et le style bizarre. A ces petits défauts près, mon ouvrage ne lui semblait pas très-mauvais. Je ne suis pas de ces auteurs bouffis d'orgueil, qui crient toujours à la mauvaise foi lorsqu'on se permet de critiquer leurs productions : il faut aussi se rendre justice. Je laissai donc retomber sur moi seul tous les reproches qui m'étaient adressés. Quoi! m'écriai-je douloureusement, depuis trois mois je me bats les flancs pour avoir du génie, je commence à voir dans les objets des rapports auxquels personne n'a songé avant moi, et qui peut-être ne s'y trouvent pas ; j'invente, je crée, je ne dis rien comme un autre, et j'accouple des expressions qui ne se sont jamais rencontrées. Ce n'est pas tout, je me pousse tant que je peux à la mélancolie. J'ai sacrifié à ce noble projet ma petite bonne et Molière ; ma petite bonne, dont je m'accommodais si bien ; Molière, qui me faisait passer des soirées si délicieuses. Enfin, pour donner plus d'âcreté à ma bile, plus de noir à mon imagination, j'ai pris chez moi une vieille convulsionnaire ; et voilà le prix de tant de sacrifices! Il faut convenir que si quelque jour j'ai du génie, je l'aurai bien gagné.

CHAPITRE III. — Heureuse rencontre d'un savant qui donne à l'auteur une nouvelle recette pour faire de la bonne mélancolie.

J'allais renoncer à toutes mes résolutions de mélancolie, lorsque je rencontrai au Luxembourg un savant du premier ordre, mon bien bon ami, mais qui avait cessé de me voir depuis que Lisette n'était plus chez moi. Je l'abordai, et mon cœur s'épancha dans le sien. « Mon ami, me dit ce galant homme, votre cas me touche ; mais vous avez pris une fausse route. Il y a plusieurs espèces de mélancolie ; la bonne, celle qui mène droit au génie, est fille des orages. Les nobles et mâles pensées * arrivent toutes par un vent du sud-ouest ; le vent de bise ne

---

* On serait loin de la pensée de l'auteur, si l'on croyait qu'il désigne dans ce chapitre un écrivain distingué qui rachète ses défauts par des beautés très-remarquables ; peut-être a-t-il en vue ses disciples, sans talent, qui outrent tous les défauts de leur maître et ne nous offrent aucune de ses beautés.

(Note de l'Editeur.)

produit rien qui vaille. Ainsi donc, en été, lorsque le ciel sera couvert de nuages gris de souris, lorsque les éclairs embraseront l'atmosphère, enfoncez-vous dans l'épaisseur des bois les plus sombres : une forêt de saules pleureurs ferait bien votre affaire ; les sycomores valent encore mieux ; malheureusement ils ne sont pas assez communs aux environs de Paris. Oh! si les cèdres du mont Liban voulaient se donner la peine de passer chez nous ! Au reste, on prend ce qu'on trouve. Faute de mieux, promenez-vous, pendant l'orage, dans la grande allée des marronniers.— Monsieur, dis-je à mon savant, vous me permettrez au moins d'emporter mon parapluie. — Malheureux, me répondit-il, gardez-vous-en bien, la mélancolie et le génie ne s'accommodent pas de ces grossières précautions. Un parapluie, bon Dieu! et qu'en feriez-vous? Ne devez-vous pas, dans vos promenades solitaires, poser la main droite sur la poitrine et la main gauche sur le front? Faites ce que je vous dis, et vous verrez ce qui en arrivera. — Il arrivera, Monsieur, que je serai trempé jusqu'aux os. — Cette condition est de rigueur. A propos, j'oubliais de vous avertir que dans ces beaux jours d'orage, que les vents, le tonnerre, les éclairs rendent encore plus rians, il ne faut rentrer chez vous que très-tard. Ayez toujours soin d'attendre que le hibou, le *nycticorax* des anciens, trouble le silence religieux de la nuit par son cri lugubre : c'est un oiseau charmant, bien propre, je vous jure, à inspirer la plus douce mélancolie. Surtout méfiez-vous du rossignol ; c'est une vilaine bête qui m'a soufflé de fort belles pensées. Maintenant vous avez mon secret, la recette que je viens de vous donner est infaillible ; je n'en ai pas employé d'autres ; et, je vous le demande, m'a-t-elle réussi ? » Je ne sus que répondre ; cet argument me terrassa, parce que le savant me montrait une certaine broderie verte qui m'a toujours paru fort imposante.

Cela se passait au commencement du printems, qui n'est pas, comme on sait, la saison des orages. Force me fut d'attendre ; mais, en attendant, je voulus me maintenir dans les sombres dispositions où je me trouvais alors. Afin de ne pas trop m'amuser, j'allais de deux jours l'un à *la Gaîté* ou à *l'Ambigu-Comique*, et, pour mieux me noircir l'imagination, je regardais de tems à autre ma dame de compagnie.

CHAPITRE IV. — L'auteur l'a fait court, afin qu'il fût moins ennuyeux.

Que le printems paraît long aux ames mélancoliques ! ce n'est pas trois mois , c'est trois siècles qu'il dure pour elles. Vous ne vous figurerez jamais tout ce que j'ai souffert pendant cette maudite saison. Je cherchais des ruines, et la nature semblait rajeunir tout exprès pour me désoler. J'attendais le vent du sud-ouest, père des tempêtes et des orages, et le zéphir amoureux semblait prendre plaisir à me tourmenter par ses caresses. On m'avait dit des merveilles de la chute des feuilles, et je voyais les arbres se parer de leur verdure. Le rossignol a aussi bien des reproches à se faire , et n'a pas peu contribué au supplice que j'éprouvais alors.

Elle vint enfin la saison des orages ; je n'en manquais pas un seul. Je me servis de la recette que le savant homme, dont j'ai parlé dans le chapitre précédent, avait eu la bonté de me donner; mais, hélas ! elle me fut inutile. Mon second ouvrage, que je publiai à la fin de l'été dernier, n'obtint pas même les honneurs de la critique ; aucun journaliste ne daigna s'en occuper. Il ne me restait plus qu'une seule expérience à faire ; si elle manquait, je devais renoncer pour toujours à devenir mélancolique. « Visitez les tombeaux, m'avait dit un médecin fort habile, passez toute une nuit dans un cimetière, conversez avec les morts ; personne ne les connaît mieux que moi : j'en ai tant vu ! Démocrite deviendrait mélancolique en causant avec ces gens-là. » Je n'aime point à découcher ; cependant l'avis du docteur me parut si sage, que je résolus de le suivre.

Chapitre V. — Visite d'un cimetière. — Fantôme. — Effet surprenant du vent de bise.

Comme il est généralement reconnu qu'un bonnet de nuit est très-favorable aux méditations philosophiques, je ne manquai pas d'emporter le mien en partant pour le cimetière, et je m'en couvris lorsque j'y fus arrivé. Fidèle aux instructions qui m'avaient été données, je me promenai d'abord en long, puis je me promenai en large. Je fis ensuite trois fois le tour de cette vaste enceinte ; enfin, lorsque je me crus assez imbibé des vapeurs de la mélancolie, je commençai mon travail sur les tombeaux. Un mausolée fort élégant frappe mes regards. Je prends mes lunettes, et à la clarté incertaine de la lune, flambeau chéri des mélancoliques, j'essayai de déchiffrer l'inscription. O vanité! ô néant des grandeurs humaines! c'est donc ici que repose un acteur tragique. Naguère il tenait dans ses mains les destinées de l'univers ; tantôt empereur romain, tantôt roi de Micènes et d'Argos, aujourd'hui César, demain Agamemnon, il se promenait de trône en trône ; toutes les couronnes ceignaient son front superbe, tous les empires du monde étaient accumulés sur sa tête, et ce fardeau lui paraissait encore trop léger. Voyez-le maintenant tel que la mort nous l'a fait. Quelques grains de poussière, voilà ce qui nous reste du roi des rois. O mort! quelles grandes et terribles leçons tu te plais à nous donner!

C'était, si je ne me trompe, c'était du sublime que je faisais alors. La mélancolie commençait à opérer, et je répétais d'inspiration de fort belles choses que, malheureusement, d'autres avaient dites avant moi. Je poursuis. A côté de ce mausolée s'élève, à peine au dessus du tertre, une petite

pierre grisâtre. Cette courte et modeste inscription fait tout son ornement : *Ci gît ***, auteur
dramatique : il essuya bien des traverses pendant
sa vie, et n'a trouvé le repos que dans ce dernier
asile.* Quel rapprochement ! un auteur près d'un
comédien !!! Lorsqu'ils étaient sur la terre, un
intervalle immense les séparait. Le Roscius moderne laissait à peine tomber un de ses regards
sur l'humble poète, sollicitant, presque à genoux, la faveur d'une lecture. S'il daignait lui
adresser la parole, c'était avec ce ton de dignité
d'un souverain qui parle à son sujet. « J'en dirai
deux mots au comité. » Telle était la réponse
qui sortait de sa bouche auguste, seulement à
demi ouverte. La mort a frappé le comédien
comme le poète : leurs poussières sont confon-
dues ; les voilà égaux.

Cet auteur m'intéresse. *Il essuya bien des travers pendant sa vie* : cela ne voudrait-il pas dire
que ses pièces furent sifflées? On sait que ce petit malheur arrive quelquefois aux auteurs dramatiques. *Il n'a pu trouver de repos que dans ce
dernier asile.* Auteur infortuné, triste jouet du
parterre et des loges, jouis enfin de cette paix
qui t'a fui sur la terre. Les vivans t'ont persé-

cuté ; ici du moins tu n'as plus rien à craindre.
Les morts ne sifflent pas. J'avais à peine prononcé ces mots, qui appartiennent, je crois, au
génie sentimental, que la tombe s'entr'ouvrit ;
j'en vis sortir un spectre couvert de son linceul, et
armé d'un manuscrit qui me fit trembler. Les
spectres ne m'ont jamais effrayé ; mais je n'ai pas
encore pu me familiariser avec les manuscrits.
« Je suis ***, me dit le fantôme ; tu dois me
connaître, ma tragédie a fait assez de bruit. —
Un peu plus de bruit que vous ne désiriez. —
L'as-tu vu représenter? — J'attendais la seconde
représentation, et vous savez..... — Je sais qu'il
n'y a plus de goût en France. N'importe, écoute,
tu jugeras. » Déjà le manuscrit fatal se dérou-
lait, lorsque tout à coup le vent de bise vint à
siffler à travers les peupliers voisins. Aussitôt
le spectre, épouvanté, se précipita dans sa tombe,
qui se referma sur lui.

Le croiriez-vous? cette aventure dissipa le peu
de mélancolie que j'avais amassé. Je ne pus m' m-
pêcher de rire de l'effroi de ce fantôme dramatique, qui s'était imaginé que le vent de bise en voulait à sa tragédie. Or, vous saurez que tout mélancolique qui a le malheur de rire est un homme

perdu. Les hibous, les orfraies, les cimetières, les mélodrames, la chute des feuilles, l'*angelus* du matin, l'*angelus* du soir, etc., rien de tout cela ne peut le sauver : le malheureux sent de bonne heure le reste de ses jours. Minuit cependant sonnait à Pantin ; la lune, scandalisée de m'avoir vu rire, refusait d'éclairer un profane, et se tenait cachée sous d'épais nuages. Il ne me restait qu'un parti à prendre, celui de m'endormir. Appuyé sur la tombe du roi des rois, j'appelais le sommeil, il ne vint pas ; mais la fraîcheur de la nuit me valut un gros rhume. Je n'avais donc pas tout-à-fait perdu mon tems.

CHAPITRE VI ET DERNIER. — L'auteur dit adieu à la mélancolie, et reprend Lisette.

Je rentrai dans Paris, fort mécontent, comme on peut s'en douter, d'avoir passé une mauvaise nuit et gagné un gros rhume pour l'amour de la mélancolie. J'étais bien décidé à envoyer promener la mère du génie, la fille des orages, ainsi que la vieille janséniste qui avait remplacé ma petite bonne. Ne voilà-t-il pas que, pour me fortifier dans cette sage résolution, je rencontre Lisette vers le milieu de la rue de la Harpe; elle m'aborde avec timidité. « Votre servante, Monsieur. — Bonjour, Lisette.—Monsieur, vous avez l'air malade; cela me fait de la peine. Vous vous portiez si bien quand j'étais avec vous; mais depuis que toutes ces noirceurs vous ont passé par la tête...... — Que veux-tu, mon enfant, on m'avait fait accroire que c'était le moyen d'avoir du génie ; mais je vois bien que je ne serai jamais qu'un sot. — Vous étiez si content de mon petit service ; vous disiez que vous n'aviez jamais pris de si bon café que celui que je vous faisais le matin.—Cela est vrai, Lisette ; aujourd'hui j'en prends de détestable; je crois que la figure de cette vieille fait tourner ma crême. — Cela se pourrait bien, Monsieur. Et votre bibliothèque, avec quel soin elle était arrangée! il n'y avait pas un grain de poussière sur les tablettes, tous les livres étaient à leur place. — Maintenant, tout est pêle-mêle ; je ne peux jamais mettre la main sur l'ouvrage dont j'ai besoin. Hier, encore, je cherchais mon *Plutarque :* tu sais bien, Lisette, ce gros *Plutarque* dans lequel tu mettais tes cornettes ? — Oui, Monsieur. — Eh bien, ma fille, je ne le trouve plus. — Vous souvenez-vous, Monsieur, que, lorsque vous rentriez chez vous après avoir fait votre promenade au Luxembourg, j'étais toujours à la fenêtre, je regardais dans la rue, et, du plus loin que je vous voyais, je descendais l'escalier, j'allais au devant de vous? — Tu dis vrai, mon enfant. — Je prenais votre chapeau, je vous débarrassais de votre parapluie, que vous emportiez toujours, quelque tems qu'il fît. — Je m'en souviens très-bien. — Quand vous rentriez dans votre cabinet, votre robe de chambre et vos pantoufles étaient là qui vous attendaient. J'avais eu grand soin de les apporter d'avance. Vous savez tout cela, Monsieur, et vous m'avez renvoyée! »

La pauvre petite était fort émue; je l'étais aussi. Le souvenir de ma robe de chambre et de mes pantoufles m'avait fort attendri. Nous nous regardâmes, sans nous rien dire, pendant quelques minutes : elle rompit enfin le silence. « Monsieur? — Lisette. — Ne me regrettez-vous pas? — Si fait, mon enfant. — Il ne tiendrait qu'à vous. — Tu as raison; viens avec moi. Nous ne nous quitterons plus. » Je n'essaierai pas de vous peindre sa joie; je crus qu'elle allait devenir folle. Elle sautillait dans la rue, me frappait dans la main ; enfin, je ne devrais peut-être pas le dire, elle m'embrassa. C'était ma faute, je l'avais habituée à cette petite familiarité avant que j'eusse la rage de la mélancolie. Au reste, la joie de Lisette ne doit pas vous surprendre. Une place chez un vieux garçon, c'est un canonicat pour une jeune servante.

Nous poursuivîmes notre route, ma petite bonne et moi, jusqu'à la rue d'Enfer, où je demeure, presque en face des Chartreux. Chemin faisant, Lisette chantait une chanson dont le refrain commençait ainsi : *Bannissons la mélancolie*, etc. Moi, je répétais ce refrain d'une voix enrouée. Quant à l'air, je l'ai oublié ; mais Lisette vous le dira.

— N° X. —

COIFFURE DES FEMMES

AU DIX-NEUVIÈME SIÈCLE.

—

...... L'on condamne celle (la mode) qui fait de la tête des femmes la base d'un édifice à plusieurs étages, dont l'ordre et la structure changent selon leurs caprices; qui éloigne les cheveux du visage, bien qu'ils ne croissent que pour l'accompagner; qui les relève et les hérisse à la manière des bacchantes, et semble avoir pourvu à ce que les femmes changent leur physionomie douce et modeste en une autre qui soit fière et audacieuse.

La Bruyère, chap. XIII. (*De la Mode*).

Changez-moi cette tête. Voilà le refrain qui devrait être placé au bas de toutes les pages de l'opuscule dont je viens de transcrire le titre. Il s'agit, en effet, d'opérer une révolution dans la coiffure de nos dames, de leur rendre un des plus beaux ornemens de leur sexe, et de rétablir les cheveux dans tous les droits qu'une mode bizarre leur a enlevés.

Ces cheveux, dont on fait si peu de cas aujourd'hui, et qui ont été supprimés comme un abus, jouissaient autrefois de la plus haute considération. Voulait-on honorer quelque grand personnage, on s'arrachait un cheveu qu'on lui présentait avec respect. C'est ainsi que, s'il faut en croire de vieilles chroniques, tout aussi véridiques que nos histoires modernes, en usa le roi Clovis avec saint Germier, qui lui rendait une visite de politesse. Les courtisans, à leur ordinaire, suivirent l'exemple du prince, et le saint se retira, confus de tant d'honneurs, emportant assez de cheveux pour se faire une perruque. Les saints gagnent toujours quelque chose à se présenter à la cour; mais ces messieurs n'y vont pas assez souvent.

Nous n'avons point encore oublié qu'une loi sévère condamnait à être rasée toute femme qui prêtait une oreille trop attentive aux doux propos de son amant. On ne connaissait point alors de peine plus infamante, et pourtant les femmes de nos jours s'imposent volontairement une punition si honteuse! Certes, ce n'est point par respect pour une loi tombée en désuétude qu'elles se font raser : ce serait une grande injustice de le penser. Mais puisque la faute a disparu, pourquoi conserver la peine qui lui était infligée?

Pourquoi tant de têtes tondues, lorsqu'il est si difficile de rencontrer une infidèle ?

J'en parle ici fort à mon aise ; mais l'auteur de *l'Anti-Titus* le prend sur un autre ton. Jamais la cause des cheveux n'a été défendue avec autant de chaleur. « Quelles figures de femmes, » s'écrie M. ***, on rencontre depuis que cette » mode existe ! Voyez cette femme courant par » la pluie, avec ses cheveux plats et mouillés ; » voyez cette autre, avec une titus en papil- » lottes, et semblable à une tête de Méduse. » Cicéron tonne avec moins de force contre Catilina ; Démosthènes est moins véhément contre Philippe que notre auteur contre les coiffures à la titus, et contre les perruques, qui ont aussi échauffé sa bile. Je suis loin de blâmer cette vertueuse indignation ; elle était commandée par le sujet : peut-on conserver son sang-froid lorsqu'on parle des cheveux ?

Malheur, au reste, à qui ne partagerait pas les sentimens de M. *** ! Il marche escorté d'une multitude de textes auxquels il ne sera pas facile de résister. Il écrase ses adversaires du poids des autorités les plus imposantes. Les apôtres, les pères de l'Eglise, les poètes galans qui ont chanté les cheveux et l'amour, la Bible et les annales de Cythère, le sacré et le profane, il met tout à contribution. Il fortifie saint Paul par Anacréon, envoie Tibulle au secours de saint Clément d'Alexandrie. Tertullien est soutenu par Ovide. Sapho arrive avec saint Ambroise pour achever la déroute des têtes à la titus.

Saint Paul dit, en effet, dans sa première épître aux Corinthiens, que c'est un sujet de gloire pour les femmes de porter des cheveux longs, qui, lorsqu'elles sont surprises aux bains, servent de voile à leur pudeur, et, ne pouvant faire mieux, cachent au moins quelque chose. Saint Ambroise ne pense pas différemment. Un poëte du dernière siècle se sert d'un argument plus fort pour faire sentir aux femmes l'utilité de leurs longues chevelures. Il regarde les cheveux comme un des dons les plus heureux que la nature ait pu faire au beau sexe ; il les définit :

Filets charmans où se prennent les cœurs.

Les femmes ne doivent donc plus s'étonner si les cœurs sont devenus plus difficiles à prendre. Les amours se sont envolés lorsqu'une main barbare fit tomber ces tresses élégantes qui leur servaient de retraite.

Un auteur qui n'est point suspect, saint Clément d'Alexandrie, ne s'est point mépris sur les vues de la Providence. « Dieu, dit-il, n'a pas voulu que les femmes eussent de la barbe au menton, mais, en récompense, il les a ornées d'une belle chevelure. » — « Charmante Lydie, » dit Tibulle à son amie, déroule à mes yeux » ces tresses blondes, plus brillantes que l'or, » et qui se jouent sur un cou de cygne, *pande* » *puella, capillulos flavos*, etc. » Enfin Ovide ne craint pas d'affirmer que c'est une chose honteuse qu'une tête sans cheveux. *Turpe..... sine crine caput*. J'épargne à toutes les femmes rasées ou prêtes à l'être bien d'autres citations qui les feraient rougir de leur folie ; qu'il leur suffise de savoir qu'elles sont condamnées, à l'unanimité, par tous les poètes qui ont célébré leurs charmes. Que de vers pleins de grâces et de voluptés leurs chevelures ne nous ont-elles pas valu ! Mais depuis qu'elles ont disparu, la verve de nos poètes s'est singulièrement refroidie.

L'auteur voulant prouver que, sur cette matière, la traduction de l'Eglise était constante et invariable, n'a point oublié les conciles. Nos cheveux ont souvent porté ombrage à ces assemblées respectables qui, à diverses époques, crurent devoir recommander aux chrétiens de se les faire couper. Mais, dans tous les tems, elles ont fort sagement senti qu'il fallait passer quelque chose aux femmes ; en conséquence, les cheveux de ces dames n'ont été frappés d'aucun anathème. La question me semble donc bien décidée. Plus de têtes à la titus, ou bien je vais citer encore Aristote et M. Moreau de la Sarthe.

Dieu merci, je ne manque pas d'autorités. L'auteur m'a mis à même, et ne m'a laissé que l'embarras du choix ; mais qu'avait-il besoin de joindre ainsi le sacré au profane ? Il est des autorités respectables qu'on ne doit point invoquer dans des sujets frivoles, et qu'il faut réserver pour une meilleure occasion. Je crois, d'ailleurs, qu'on peut fort bien, sans le témoignage de saint Paul, nous faire sentir l'utilité des cheveux, et que leur beauté, pour être démontrée, n'a aucun besoin de l'appui de saint Ambroise et de saint Clément d'Alexandrie. Pascal dit dans ses *Provinciales :* « Les moines ne sont pas des raisons. » N'est-il pas à craindre que les jeunes folles (il en est tant parmi les têtes tondues !) n'en disent autant des pères de l'Eglise ? Gentil Bernard n'est-il pas plus fait pour leur imposer que tous les pères de l'Eglise grecque et que tous ceux de l'Eglise latine ? Croit-on que celles qui résistent à l'autorité de Dorat ou de Pezay témoigneront plus de respect pour les décisions des saints conciles? Au resté, qu'elles y prennent garde. Les physiologistes ont observé que, dans les femmes, la matière de la barbe remontait à la tête, ce qui leur donnait une si longue et si belle chevelure. Il est évident qu'au premier jour cette matière cessera de remonter à la tête, où elle devient fort inutile, et que toutes les femmes ne tarderont pas à avoir comme nous de la barbe au menton : elles en seront peut-être plus fâchées que moi. Je tenais cette dernière raison en réserve : un général prudent place toujours de bons soldats à l'arrière-garde.

Changez-moi cette tête. On passerait tout au plus cette folie aux jeunes femmes. Elles ont, m'a-t-on dit, d'autres filets pour prendre les cœurs, et quoi qu'en pense notre auteur, les Grâces tondues sont encore les Grâces, ou du moins leur ressemblent fort. Mais que doit-on penser de ces femmes sur le retour qui ont aussi voulu être coiffées à la titus, et se sont ainsi privées du seul de leurs attraits qui dût leur rester fidèle et les consoler un peu de la fuite des autres? Cette méthode cependant eût été pour elles une bonne fortune, si elles avaient su en profiter; si, plus sages, plus prévoyantes, elles avaient eu l'adresse d'engager les jeunes têtes à se faire tondre, et le bon esprit de ne point les imiter, une force surnaturelle résiderait aujourd'hui dans les cheveux que leur prudence aurait conservés. Tous les partisans de longues chevelures, tous ceux qui, ne pouvant rencontrer sans effroi une tête à la titus, courent après les cheveux là où il en reste encore, seraient, bon gré mal gré, contraints de tomber à leurs genoux; et peut-être à cinquante ans et plus, embarrassées du grand nombre de leurs adorateurs, elles se verraient obligées de renvoyer aux jeunes tondues le superflu de leurs conquêtes. Mais il n'est plus tems, cette folie a gagné toutes les têtes. La fille a la première sacrifié sa chevelure à cette déesse capricieuse qu'on appelle la Mode. La mère, furieuse d'avoir été prévenue, a ordonné aussitôt à son coiffeur de la débarrasser d'un poids inutile qui l'importunait. La grand'maman, indécise, et ne sachant trop si elle devait adopter la titus ou la caracalla, n'a consenti à attendre que jusqu'au lendemain. Qu'est-il arrivé? tondues pour tondues, les plus jeunes ont été préférées: on devait s'y attendre.

1.   6

Ainsi, dans cette aimable France, tout cède à l'empire de la Mode. Elle a voulu que les longues chevelures fussent abattues, elles sont tombées à l'instant même ; que les bras fussent découverts, adieu les manches longues. Elle a défendu à la gaze de dérober à nos regards ce sein d'albâtre, ces globes dont la nature se plaît à dessiner les contours ; la gaze obéissante s'est retirée. Si la mode voulait..... que les femmes se fissent couper le bout du nez, elles en passeraient par là, et peut-être nous forceraient à les imiter, ce qui serait fort désagréable.

— N° XI. —

LES BERGERS DE SYRACUSE.

—

> Et changer sans respect de l'oreille et du son,
> Lycidas en Pierrot et Phyllis en Toinon.
> BOILEAU, *Art Poétique.*

« Qui est là? — Votre tailleur. — Ah! c'est vous, M. de l'Œil. — J'apporte votre habit, dont vous serez content. Il est dans le goût le plus moderne. - Fort bien; mais, dites-moi par quel hasard j'ai le plaisir de vous voir si matin? — C'est aujourd'hui le 3o juillet, jour mémorable, neuvième anniversaire de notre so-ciété. — De quelle société parlez-vous? — De la *Société lyrique des Bergers de Syracuse.* — Et vous êtes, M. de l'Œil, un des bergers de Sy-racuse! — *Corydon*, à vous servir; c'est une

réunion charmante, une académie sans prétentions, composée de poètes et de musiciens. —
Vous êtes musicien, M. de l'Œil? — Mieux que
cela. — Seriez-vous poète? — Un peu, Monsieur, si vous le permettez. — Je ne demande
pas mieux; mais la plume ne nuit-elle pas à l'ai-
guille? Apollon ne vous a-t-il pas enlevé quelques pratiques? — Au contraire, il m'en envoie
du matin au soir. Imaginez-vous que, depuis
que je suis membre de l'académie de Syracuse,
j'habille tous les poètes de l'académie française,
et cela est tout simple : entre confrères.......
Mais, souffrez que je vous quitte : aussi bien
voilà M. Castor. »

« Ah! bonjour, M. Castor. Il me faut un chapeau..... — Monsieur, vous l'aurez demain. Un
fier talent, qui sort de chez vous. — Monsieur
de l'Œil, n'est-ce pas? — C'est un des premiers
chansonniers de France : il nous a chanté, mercredi dernier, trois couplets. On n'en fait pas
comme ceux-là au Rocher de Cancale. Cela est
bien certain. — J'ai donc aussi l'honneur d'être
coiffé par un berger de Syracuse? Apprenez-
moi, M. Castor, où et quand ces aimables bergers se réunissent! — Tous les premiers de

chaque mois, dans un lieu nommé par fiction *le Hameau*. Tous les ans nous célébrons une fête extraordinaire près d'une petite fontaine que, par fiction, nous nommons *Aréthuse*, dans les bocages de Belleville et de Ménil-Montant, au bout du *chemin des noyers*. Ce jour-là seulement les dames sont admises sous le costume de *vestales*. — C'est sans doute encore une fiction ? — Tout est fiction chez nous, jusqu'aux noms que nous portons. M. de l'Œil est *Corydon*, et moi je suis *Tircis*. — Je vous en fais mon compliment ; mais, pour des bergers, vous n'êtes pas galans. Exclure les femmes de vos réunions ordinaires ! — Vous en trouverez une excellente raison dans nos *statuts*, imprimés chez Nouzou, rue de Cléry. Cette raison, la voici : elle termine un couplet :

AIR : *Avec le travail, la gaité.*

Beau sexe que j'aimai toujours,
Daignez agréer mes excuses ;
Vous savez bien que les Amours
Feraient tourner la tête aux Muses.

» — Bravo ! M. Castor, bravo ! Comment

donc! de la grâce! du naturel! Savez-vous que ce mérite est assez rare aujourd'hui? — Bast! il est commun chez nous. — J'ai quelque envie de vous faire une visite. — Trouvez-vous entre quatre et cinq heures à Belleville, sur le *chemin des noyers*. Le reste me regarde : je dirai deux mots à notre secrétaire *Mélibée*, qui vous placera bien. »

Ce que je venais d'apprendre excitant ma curiosité, je m'arrangeai pour être libre toute la journée. J'écrivis à M. *** qu'il me serait impossible d'aller dîner chez lui, ce qui me priverait du plaisir d'entendre la lecture de sa tragédie de *Nabuchodonosor*, reçue à corrections. Je priai Mme *** de m'excuser si je n'assistais pas à la répétition de son mélodrame ; enfin, je pris de telles mesures, qu'après avoir dîné à trois heures aux Prés-Saint-Gervais, je me trouvai à quatre sur le *chemin des noyers*, par où devait passer la procession des *bergers de Syracuse*. Ils n'arrivaient pas, et déjà j'étais fatigué de les attendre, lorsque le ciel, qui me veut du bien, m'adressa un original dont vous chercheriez long-tems la copie. « On ne voit ici que des noyers, me dit cet homme d'un ton qui annonçait toute sa mauvaise humeur ; je n'ai pas aperçu un seul marronnier. — Vous aimez donc bien tendrement le marronnier ? — Ah ! Monsieur, si je l'aime ! et cependant il est la cause de tous les malheurs qui m'accablent. — Monsieur, pourrais-je savoir ? — Vous saurez tout.

» La botanique fut ma première passion ; très-jeune encore, je ne me plaisais que dans la société de ces hommes utiles qui lui consacraient leurs veilles ; j'aimais leurs mœurs simples, leurs goûts innocens. Ce sont, Monsieur, des savans bien aimables : ils ont, quand on ne les fâche pas, toute la douceur des mérinos de laine pure. L'habitude de les voir m'inspira le désir de partager leur paisible célébrité. M. de Jussieu, qui ne m'a point encore oublié, vous dira avec quelle ardeur je le suivais dans ses herborisations. Il me conseilla de me livrer spécialement à l'étude des arbres et arbustes ; mais j'eus à peine connu le marronnier, qu'il devint l'unique objet de mes recherches et de toutes mes affections. Je ne sais, en vérité, ce qu'ils admirent dans le cèdre du Liban ; il n'obtient pas de moi un seul regard ; je ne cherche que des marronniers : j'en ai défini toutes les espèces ; j'en ai même découvert une nouvelle, à laquelle, malgré l'usage , on refuse de donner mon nom. Je pourrais vous faire voir, Monsieur, plusieurs milliers de marrons que j'ai ramassés pendant quarante automnes, et rangés systématiquement dans ma bibliothèque, à la place de mes livres, dont je peux fort bien me passer. Maintenant, voulez-vous savoir quelle a été la récompense de tant de travaux , de tant de sacrifices ? Tous les mémoires que j'ai adressés à la première classe de l'institut ont été mis au rebut, et mes ennemis ont jeté par les fenêtres les marrons qui se trouvaient joints à ces mémoires pour servir de pièces justificatives. Ce n'est pas tout ; écoutez bien ce qui suit. Quand je me suis présenté pour occuper la place vacante par la mort de M. ***, on m'a ri au nez , en me disant que la *marronologie* n'était pas une science; et c'était un cailloutier, qu'ils appellent *minéralogiste*, qui me tenait ce langage! comme si mes marrons ne valaient pas ses cailloux. Vit-on jamais une injustice plus criante ? et ne suis-je pas le plus infortuné des botanistes ? »

.Ce récit touchant avait mis deux ou trois fois ma sensibilité à une rude épreuve , et ce ne fut pas sans peine que je sus me contenir et ne pas éclater de rire aux endroits les plus pathétiques. Le botaniste infortuné m'apprit ensuite pourquoi il avait dirigé ses pas vers le bois de Belleville. Il voulait proposer aux bergers de Syracuse de faire abattre les ormes qui ombragent leur *hameau*, et de les remplacer par des marronniers. J'allais le féliciter sur ce beau projet, lorsque nous fûmes interrompus par le bruit de quelques instrumens qui nous annonçait que la *société lyrique* quittait le hameau et se rendait à la fontaine.

Les bergers s'avançaient ayant à leur tête le *grand pasteur* (Sylvandre). La société, qui s'est soumise à sa houlette, se trouve heureuse de vivre sous ses lois. Après lui marchaient les bergers de l'*union*, ceux qui doivent à l'excellence de leurs chansons la *lyre* qui, au *hameau*, est le prix du talent. Trente bergers environ, et un nombre égal de bergères, composaient le joyeux cortége. Les premiers avaient de petits flageolets d'ébène, garnis en ivoire et attachés à la boutonnière de leurs habits. Les bergères, dont la mise uniforme était élégante dans sa simplicité, portaient en écharpe des rubans aux couleurs de leurs bergers. Dirè que toutes étaient jolies, serait peut-être un peu hasardé ; mais je n'en vis aucune qui n'eût des droits à des égards très-particuliers. Leurs bergers leur diront le reste.

Quand nous fûmes arrivés à la fontaine, une jeune bergère portant, comme Erato, une couronne de fleurs, fut placée entre des myrtes et des roses, au milieu de la société. C'était la nymphe Aréthuse, divinité de nos bergers, qui, en la regardant, s'applaudissaient de leur choix. Le grand pasteur lui adressa un discours et chanta des couplets adressés aux dames. Aréthuse chanta à son tour, et, après elle, plusieurs bergers. Toutes les chansons, imprimées, furent distribuées aux assistans. La critique serait ici fort déplacée ; et, d'ailleurs, ainsi que l'a fort bien chanté le grand pasteur sur l'air : *Tout ça passe,*

> La flèche épigrammatique,
> Et de l'envieux les dents,
> Contre la gaîté rustique,
> Tout ça glisse en même tems.

Chantez, heureux bergers, chantez. La flèche épigrammatique et les dents de l'envieux ne troubleront pas vos rustiques accords. Soyez toujours gais, simples et naturels. Craignez surtout de mettre trop d'esprit dans vos chansons. Mieux vaudrait introduire le loup dans vos bergeries.

Pendant la cérémonie, un berger m'avait souvent regardé avec attention. Lorsque les chants eurent cessé, il vint à moi, et je reconnus, avec autant de surprise que de plaisir, un de mes anciens camarades de collége. « C'est bien Triboulet! m'écriai-je : que fais-tu donc ici ? — Je fais *Dametas*, berger de Syracuse. » Au même-instant il saute à mon cou, et nous nous embrassons comme s'embrassent toujours des amis de collége lorsque l'un des deux n'a point été corrompu par les faveurs de la fortune. « Mais, mon cher Triboulet, tes parens ne te destinaient-ils pas au barreau ? Je te croyais avocat, ou pour le moins procureur. — Apollon m'a ordonné de quitter l'antre obscur de la chicane et de le suivre sur les bords rians du Permesse. J'ai obéi, et la grosse a fait place à la chanson. Je suis membre de toutes les sociétés lyriques, bachiques, anacréontiques qui tiennent leurs séances hors des barrières. Aujourd'hui berger de Syracuse au *hameau*, demain je marcherai à la tête des *Joyeux* à *l'Ile d'Amour*. Partout où l'on chante et où l'on boit, on est bien sûr de rencontrer Triboulet. Voilà, mon ami, où m'ont conduit un grand fonds de philosophie et des réflexions très-judicieuses sur la briéveté de la vie. La Fortune n'est point venue me trouver : rien ne pourrait m'engager à faire un pas pour aller au devant d'elle. Mon très-mince revenu suffit à mes besoins et à mes plaisirs. Nous autres poètes *extrà muros*, nous ne payons pas le vin fort cher, ce qui est un grand point. J'ai entendu dire que plusieurs de nos anciens camarades étaient aujourd'hui de hauts et puissans seigneurs. Ces gros Crésus, Dieu les assiste! Sont-ils plus heureux que leur pauvre camarade Triboulet? J'en doute fort; car les riches ne chantent jamais. »

Nous approchions du *hameau*. « Mon cher Triboulet, dis-je à cet aimable berger, mon cher Triboulet, je te vois si content de ton sort, que je n'ai pas le courage de te donner un conseil. Ton heureuse folie me fait douter si je suis plus sage que toi. » Nous nous séparâmes, et je rentrai dans Paris, enchanté de tout ce que j'avais vu, plein d'estime pour les honnêtes bergers de Syracuse, de compassion pour le botaniste infortuné, et d'indulgence pour mon ancien camarade, le philosophe Triboulet.

〰〰〰〰〰〰〰〰〰〰〰〰〰〰〰〰〰〰〰〰

— N° XII. —

〰〰〰〰〰〰〰〰〰〰〰〰〰〰〰〰〰〰〰〰

MANUSCRIT

TROUVÉ

DANS LES PAPIERS DU JEUNE LACLAQUE,

CABALEUR DRAMATIQUE.

———

> Et si dans la province
> Il se donnait en tout vingt coups de nerf de bœuf,
> Mon père pour sa part en emboursait dix-neuf.
> RACINE, *les Plaideurs.*

J'AVAIS quinze ans; il était tems de songer à prendre ce qu'on appelle un état. Après avoir mûrement réfléchi, je n'en trouvai aucun qui me convînt autant que celui de perruquier; mais comme, avant tout, il faut savoir faire une barbe, et comme je n'avais de ma vie touché un rasoir, le maître chez lequel j'entrai m'envoya, le jour même, à l'Hôtel-Dieu, où je fis un cruel apprentissage ; je dis cruel, pour les malheureux qui me passèrent par les mains. On ne saurait croire combien j'écorchai de mentons pendant les deux premiers mois. Je suis né sensible ; ces pauvres mentons, réduits presque à rien, me déchiraient le cœur ; mais le petit désagrément qu'ils éprouvaient était nécessaire à mon instruction. D'ailleurs, puisqu'on les rase gratis, il est bien juste qu'ils soient écorchés. Peu à peu ma main se formait, et bientôt, grâce à ma dextérité, je sus raser assez proprement pour que mon maître crût pouvoir me confier tous les mentons qui se présentaient dans sa boutique.

Un monsieur de fort bonne mine, que je venais de raser, me dit un jour, après avoir longtems considéré mes mains et mes épaules : « Mon ami, vous ne me paraissez pas fait pour végéter dans la boutique d'un perruquier, je vous crois appelé à de plus hautes destinées ; passez chez moi demain matin ; voici mon adresse. » Je fus exact au rendez-vous. *M. Leroux* (c'était le nom de mon protecteur) expliqua les vues qu'il avait sur moi. « Vous irez tous les soirs au

spectacle ; vous applaudirez ou vous sifflerez. —
Monsieur, je vous comprends ; j'applaudirai les
bonnes pièces , je sifflerai les mauvaises. —
Jeune homme, apprenez qu'il n'y a de bonnes
pièces que celles dont on nous paie le succès ;
toutes les autres sont détestables. Vous applaudirez et vous sifflerez quand on vous ordonnera
d'applaudir ou de siffler : obéissance passive,
dévouement sans bornes, un petit écu par jour
et de l'avancement ; cela vous convient-il ? —
Oui, monsieur ; mais pourquoi vos regards sont-
ils toujours fixés sur mes épaules. — Mon ami,
je vais vous parler avec la franchise

D'un soldat qui sait mal farder la vérité.

» Tout n'est pas bénéfice dans la noble profession que nous exerçons. Il y a, mon cher,
quelques momens un peu rudes à passer. Je m'ex-
plique : on vous a payé pour siffler une pièce
nouvelle ; vous la sifflez. Un voisin , homme
sans goût, et qui s'imagine que c'est pour son
plaisir qu'on va au spectacle , trouve fort mauvais que vous l'empêchiez d'entendre l'acteur
qui est en scène ; il veut vous imposer silence ;

vous n'en tenez compte et vous sifflez toujours ;
il vous injurie, vous sifflez encore plus fort. Par
une gradation bien naturelle, des injures on
passe aux coups de poing, des coups de poing
aux coups de bâton : il s'établit ainsi, entre vous
et votre voisin, un échange de bons procédés
dont vos épaules font la moitié des frais. Mais
croyez-moi, mon jeune ami, je vous parle d'a-
près ma propre expérience, on s'habitue à tout ;
j'ai reçu, dans les différentes salles de spectacle, plus de coups de bâton que vous n'avez
de cheveux sur la tête, et cependant, vous le
voyez, je me porte comme un prince ; il n'y a
que la première douzaine qui se fasse sentir.
D'ailleurs,

> A vaincre sans péril, on triomphe sans gloire.

Consultez votre cœur et vos épaules. — Monsieur, mon parti est pris ; le petit écu et l'amour
de la gloire me déterminent à servir sous vos
drapeaux. — Allez donc trouver *Rudemain*, mon
lieutenant, il vous donnera de plus amples instructions. »

Je me rendis à l'instant chez *M. Rudemain*,
qui m'attacha à la seconde compagnie chargée

de soigner les entrées des actrices. Ces dames veulent toutes être applaudies quand elles paraissent. On a remarqué, en effet, qu'une vingtaine de claques les mettaient en verve, et donnaient à leur jeu une souplesse, une force, une chaleur dont il est tout-à-fait dépourvu quand on ne lui administre pas cet agréable excitatif. Les acteurs ne sont pas moins avides d'applaudissemens ; nous les servions selon leurs désirs. Il y avait quelquefois dans notre état des choses qui embarrassaient ma simplicité ; tel acteur qui, ordinairement, nous payait pour l'applaudir, nous payait une autre fois pour le siffler. J'en demandai un jour la raison à *M. Leroux*, qui voulut bien m'expliquer ce mystère de la politique des coulisses. « Ce n'est point l'acteur, me dit-il, que vous allez siffler aujourd'hui, c'est la pièce. — Mais elle paraît assez goûtée du public. — Oui ; mais elle déplaît à M. ****, qui y joue un rôle d'officier d'infanterie, et tout le monde sait qu'il n'aime à jouer qu'en frac ou en uniforme de hussard. Il s'est long-tems débattu avec l'auteur à ce sujet. L'auteur n'en a pas voulu démordre, et, pour mettre fin au débat, nous donnons, ce soir, le coup de pouce à la pièce; car enfin il vaut mieux que le public soit privé, que M. **** contrarié par son uniforme. »

Je m'acquittais de mon petit emploi avec un zèle et une précision qui me méritaient chaque jour les éloges de mes supérieurs, et d'utiles sourires des actrices; on me proposait pour modèle à tous mes compagnons d'armes. Enfin, l'année suivante, *M. Leroux* me fit passer dans la première compagnie. Je n'avais encore marché que sur des roses; j'appris bientôt à connaître les désagrémens du métier. Cette compagnie, dont j'avais l'honneur de faire partie, composée de soldats éprouvés, de guerriers intrépides, dont les dos étaient rompus aux chutes et aux succès dramatiques, se trouvait alors chargée d'une opération bien délicate : je veux dire de la réussite des pièces nouvelles. Je crois que, s'ils l'eussent voulu fortement, ils auraient fait applaudir ces vieilles comédies de Molière, qui inspirent aujourd'hui un dégoût universel. Ce n'est point pour satisfaire ma vanité que j'écris ces mémoires, mais je puis affirmer, sans craindre d'être démenti par mes camarades, que je me suis toujours montré digne de combattre à leurs côtés. Tous les soirs j'étais roué de coups, et, malgré l'assertion de *M. Leroux*, je crois que la première douzaine n'est pas la seule qui se fasse sentir. N'importe, c'était le bon tems ; chaque meurtrissure nous valait une gratification de la part de l'auteur ; et, en vérité, elle nous était bien due ; car nous avons fait réussir de bien mauvaises pièces. Mes voisins m'ont demandé cent fois comment je pouvais applaudir de si plates inepties ? « Messieurs, leur disais-je, j'auteur est encore jeune, il promet beaucoup ; pourquoi décourager un talent naissant ? Si la *Thébaïde* avait été sifflée, auriez-vous *Athalie ?* » C'était *M. Leroux* qui m'avait fait cette leçon ; elle lui avait été transmise par un ancien père-noble de la Comédie-Française, retiré depuis long-tems, lequel la tenait d'un vieil auteur tragique, sifflé au commencement du siècle dernier.

J'avais déjà passé par tous les grades inférieurs, lorsque notre général, qui n'a jamais laissé le vrai mérite sans récompense, me donna le commandement d'un petit détachement qui avait la commission de faire tomber toutes les pièces dont les auteurs ne voulaient pas acheter le succès. Plusieurs de ces pièces seraient bien tombées sans nous ; mais un peu d'aide ne nuit pas. Je n'ai jamais pu concevoir l'entêtement de certains auteurs, qui refusaient avec obstination d'avoir recours à notre ministère. *M. Leroux* faisait cependant un raisonnement fort simple : « Messieurs, leur disait-il, vous travaillez pour la gloire, elle seule est l'objet de votre ambition ; abandonnez-moi ce qui peut vous revenir du produit des représentations ; qu'un vil métal ne souille pas vos mains ; alors, de succès en succès, je vous fais passer à l'immortalité. Si vous refusez de consentir à cet arrangement, qui est tout à votre avantage, la toile tombera toujours avant la fin du dernier acte, et vous n'aurez ni gloire, ni profit. » Ce raisonnement était sans réplique ; cependant (les gens de lettres ont tant d'amour-propre) on renvoyait souvent avec dédain *M. Leroux*, qui ne tardait pas à s'en venger. L'auteur de *** a pu s'en apercevoir ; cette comédie, jouée à l'Odéon, il y a deux ou trois ans, aurait pu avoir dix à douze représentations, si elle eût été un peu soutenue ; mais j'étais là avec mon détachement, je fis entendre le premier coup de sifflet ; vives réclamations des étudians en droit et en médecine. « Messieurs, criai-je à tue-tête, l'auteur a violé la règle des trois unités ; cette règle si sage, tant recommandée par Aristote : sauvons les principes. » En disant ces mots, que *M. Leroux* avait eu la bonté d'écrire sur un petit morceau de papier, afin que je pusse les retenir plus facilement, je siffle une seconde fois ; mes braves soldats suivent mon exemple ; vacarme terrible ; on en vient aux mains ; on monte sur les banquettes ; les bâtons se croisent, et je reçois, sur le bras, un coup si vigoureusement appliqué, que je tombe à la renverse presque sans connaissance. Vous avez cet avantage, à l'Odéon, que, lorsqu'un jeune étudiant en droit vous casse un bras, un apprenti chirurgien vous offre, en riant, le secours de son art ; de sorte que vous sortez du spectacle à peu près guéri. La pièce tomba, et cette soirée me couvrit de gloire. Le lendemain, *M. Leroux* me cita honorablement dans son ordre du jour.

Le mois suivant, il y eut promotion, je fus nommé lieutenant en remplacement de *M. Rudemain*, qui se retirait des affaires, et prenait le parti de vivre tranquillement à Bicêtre. Mon poste était fort beau ; sans parler de l'honneur, les appointemens étaient considérables : il est tel succès qui me valait, à moi seul, plus de dix louis. Je n'oublierai jamais qu'un auteur bien riche, qui fit jouer une pitoyable comédie, me paya avec une générosité sans exemple. Que Dieu le bénisse, lui, sa femme, ses enfans, toute son honnête famille ! Que le public le traite toujours avec la même indulgence ; il en a grand besoin. Tout allait bien ; le parterre, dont nous avons formé le goût, devenait doux comme un mouton : ma place était un vrai canonicat, et j'aurais pu, par de sages épargnes, me ménager un sort heureux pour l'avenir ; mais, je l'avouerai, je perdais au jeu ce que je gagnais dans les spectacles, et, lorsque la foudre vint nous frapper, je me trouvai aussi pauvre que le dernier soldat de la compagnie.

Depuis quelques jours *M. Leroux* paraissait triste et pensif : « Mes amis, nous disait-il, un grand malheur nous menace ; cette comète ne nous présage rien de bon. » Sa frayeur nous amusait ; nous avions peine à concevoir comment un aussi grand homme était assez superstitieux pour trembler à l'aspect de la queue d'une comète ; car c'était surtout la queue qu'il redoutait. « Riez, ajoutait-il, riez tant qu'il vous plaira ; vous ne rirez pas long-tems : si ce n'est pas à nous que cette comète en veut, dites-moi pourquoi elle ne paraît qu'à l'heure où la toile se lève, et pourquoi elle disparaît au moment où le spectacle finit? » Cette réflexion judicieuse nous frappa ; dès ce moment, nous partageâmes toutes les terreurs de notre général : on a pu voir que, dans ces derniers tems, nous n'étions plus reconnaissables ; nos bravos étaient sans vigueur ; la comédie de M. ** s'en est fort mal trouvée.

Enfin, le jour fatal prédit par la comète arriva ; *M. Leroux......*, je ne puis achever, la plume me tombe des mains....... J'aurais dû prendre le commandement en l'absence du général en chef ; mais il m'a été impossible de réunir mes compagnons, que cet événement a glacés d'effroi. Tout est donc perdu sans retour. Que deviendront les spectacles, privés de notre appui? Les bonnes pièces réussiront, les mau-

vaises seront sifflées ; ce sera un désordre épouvantable. Et moi, quel parti vais-je prendre?
Après avoir exercé avec distinction une profession si noble, si libérale, pourrais-je me ré-
soudre à rentrer dans la boutique d'un perruquier? Si j'y suis forcé, gare l'estafilade, car je
n'ai jamais été de si mauvaise humeur.

— N° XIII. —

PEU AU DEHORS,

BEAUCOUP AU DEDANS.

Nec pol profectò quisquam sine grandi malo
Præquam res patitur, studuit elegantiæ.
PLAUTE, *le Marchand*, act. III.

Celui-là court à sa ruine, qui affiche un luxe au dessus de ses moyens.

PEU *au dehors, beaucoup au dedans*, telle était autrefois la devise de nos commerçans. J'ai connu, dans ma jeunesse, un bon marchand de la rue Saint-Denis, qui ne passait pas un seul jour sans répéter ce vieux dicton, qu'il tenait de son père, et voulait inculquer à ses enfans. « L'économie, ajoutait-il, est l'ame du commerce ; sans elle rien ne prospère. » Cet honnête homme se nommait M. Létoffé ; il avait pour enseigne : *A la bonne-foi*, et cette enseigne n'était pas trompeuse. Jamais on ne vit une probité plus sévère, une exactitude plus scrupuleuse à remplir ses engagemens. Sa parole valait mieux que les lettres de change de plusieurs de ses confrères. Non moins simple dans ses mœurs, aussi modeste dans ses désirs, entièrement occupée des soins de son ménage et de l'éducation de ses enfans, madame Létoffé était digne de son mari. Un ordre admirable régnait dans sa maison ; on y trouvait, ce qui plaît tant au sage, une économie aussi éloignée de l'avarice que de la prodigalité ; ce nécessaire que peut fournir une fortune médiocre, mais rien de ce qui ne touche que la mollesse et la vanité. En entrant dans cet asile des mœurs antiques, en voyant cette sérénité, cette satisfaction peintes sur les figures de ceux qui l'habitaient, on pouvait dire d'avance : Ici tout le monde est heureux. Tout le monde l'était en effet, parce que chacun trouvait son plaisir dans l'accomplissement de ses devoirs. Les commis, seconde famille de M. Létoffé, joignaient l'activité à l'intelligence, l'amour du travail à la fidélité. Si, le dimanche, ils allaient au spectacle, c'était pour y jouir des chefs-d'œuvre de notre théâtre, et non pour y apprendre, de Fleury, à imiter les airs ridicules et le ton tranchant de nos jeunes marquis. Jamais, au reste, on ne les voyait, étourdis cabaleurs, décider du sort d'une pièce nouvelle, parce qu'ils savaient fort bien qu'avant de juger il faut s'instruire, et qu'il ne convient pas à des écoliers de corriger les devoirs de leurs maîtres. C'est ainsi qu'ils mettaient à profit les leçons de sagesse et de modestie puisées au sein d'une famille vertueuse.

Heureux dans tout ce qui l'environnait, voyant son commerce prospérer, son crédit augmenter de jour en jour, M. Létoffé ne cherchait point à sortir de sa sphère; cependant, comme son père avait été marguillier de Saint-Méry, il voulut l'être à son tour; et quand cette louable ambition fut satisfaite, il ne forma plus d'autres vœux; les honneurs ne changèrent point ses mœurs. Mais, dès qu'elle vit son mari en charge, madame Létoffé ne put se défendre d'un petit mouvement de vanité ; elle ne manquait plus une seule grand'messe, allait même régulièrement à vêpres, afin de contempler à son aise M. Létoffé, qui représentait avec dignité dans le banc de l'œuvre. Elle était d'ailleurs fort sensible à toutes ces attentions que le suisse, le bedeau et la loueuse de chaises ont toujours pour la femme d'un marguillier ; elle avait même cru remarquer que ce pauvre cul-de-jatte qui, placé à la porte de nos temples, offre l'eau bénite aux arrivans, faisait mine de se lever lorsqu'il lui présentait le goupillon. Pardonnons ce petit ridicule à la meilleure de toutes les femmes ; c'était d'ailleurs le tems où une place de marguillier était la duché-pairie des honnêtes bourgeois.

Aujourd'hui le tableau que j'ai tracé doit paraître idéal. J'ai peint des mœurs qui sont déjà loin de nous, mais dont il n'était pas très-rare de trouver autrefois le modèle parmi les commerçans ; car c'était surtout dans cette classe, estimable à tant de titres, que le bonheur domestique aimait à se fixer. Tout a changé ; des événemens, qu'il est inutile de rappeler à la mémoire des lecteurs, ont tourné bien des têtes,

mis en jeu bien des ambitions. Les vieilles maxi-
mes ont été méprisées ; le luxe a remplacé l'é-
conomie ; la manie de briller a succédé à l'inap-
préciable simplicité de nos pères. *Tout au dehors*,
telle est la devise du jour ; mais trêve de mora-
lités ; l'exemple nous instruira mieux que le pré-
cepte.

M. Létoffé avait deux fils, Eugène et Théodore, qui, jeunes encore, manifestaient déjà des
inclinations bien différentes. Eugène avait des
goûts simples, aimait l'application, et faisait
toujours un utile emploi des petits présens qu'il
recevait de ses parens : c'était, en un mot, le
fidèle portrait de son père. Théodore, au contraire, ne redoutait rien tant que d'être forcé de
travailler, et dépensait en frivolités tout l'argent
qu'on lui donnait ; dédaignant ces plaisirs innocens qu'il pouvait goûter, à si peu de frais, au
milieu de sa famille, il en demandait de plus
bruyans et de plus coûteux. Ces promenades
agréables aux prés Saint-Gervais, de tout tems
les plus chères délices du quartier ; ces voyages
même à Saint-Cloud, par la galiote, voyages
dont l'annonce, faite huit jours d'avance, rendait

Eugène si content et si gai, n'avaient aucun attrait pour Théodore. « Ce n'est pas là, disait-il, que se rend le beau monde ; que n'allons-nous à Frascati ? » Le seul nom de Frascati faisait trembler de tous ses membres M. Létoffé, qui voyait avec douleur que les plus sages leçons et les meilleurs exemples étaient perdus pour Théodore. Cependant, car il faut que j'abrége, madame Létoffé mourut, et, quelques années après, son mari, qui n'avait jamais pu se consoler d'une séparation si cruelle, la suivit au tombeau. Avant de quitter ce monde, il fit à ses enfans les adieux les plus touchans, leur répéta sa maxime favorite, et après les avoir invités à se marier au plus tôt : « Rien, leur dit-il, ne manquera à votre bonheur, si vos épouses ressemblent à votre bonne mère. » Ce furent ses dernières paroles.

L'année suivante, les deux frères étaient mariés. Eugène avait épousé la fille d'un de ses voisins, ancien ami de son père. Adèle était douce, complaisante, économe ; elle aimait son mari, qui répondait à sa tendresse, et l'un et l'autre attendaient avec impatience ce moment

si désiré par tous les jeunes mariés, ce moment
où le gage d'un amour mutuel vient encore en
resserrer les nœuds. Théodore avait porté ses
vœux plus haut. Amanda (c'était le nom de la
femme qu'il avait choisie) venait d'achever son
éducation dans un des pensionnats où l'on apprend tout, excepté ce qu'il faut savoir pour être
bonne épouse et tendre mère, et où elle avait
remporté, trois ans de suite, les prix de maintien et du pas du schall. On devine facilement
que les deux ménages ne furent pas long-tems
d'accord. Théodore voulait tout bouleverser dans
la maison paternelle; à l'en croire, les meubles
avaient vieilli, et devaient être à l'instant rem-
placés par d'autres d'un style plus élégant et
plus moderne. « Non, disait Eugène, je n'y
consentirai jamais : ce qui a appartenu à mon
père doit m'être cher; on peut sans doute trouver des meubles plus brillans, mais ils n'auront
pas servi à mon père. — C'est comme moi, disait
Adèle, je trouve cette chiffonnière charmante,
parce qu'elle vient de votre mère. » Amanda
levait les épaules, et souriait avec dédain. Bientôt elle invita son mari à quitter des gens dont

le goût était assez grossier pour attacher du prix à des antiquailles. La séparation fut décidée, et les frères partagèrent la succession.

Théodore loua, dans le quartier le plus brillant de Paris, une boutique dont l'ample façade pouvait se prêter aux plus magnifiques embellissemens, et le lendemain tous les arts furent appelés à décorer ce nouveau palais : architectes, peintres, sculpteurs, tout avait été mis à contribution ; le génie s'épuisa pour orner le devant d'une boutique. Un double rang de colonnes offrait en petit le modèle des Propylées ou du Parthénon ; au dedans, l'or, le bronze et l'acajou étalaient leurs merveilles, qui se répétaient dans de riches trumeaux ; de légers tissus, élégamment drapés ou tombant en plis ondoyans, avaient le double mérite d'arrêter les yeux des passans et de ménager, dans l'intérieur, ce jour douteux, si favorable au débit des marchandises équivoques. Quand tous ces prodiges furent exécutés, Théodore apprit, avec quelque surprise, que la dot de sa femme suffisait à peine pour les payer ; il voulait faire régler les mémoires ; mais Amanda lui observa qu'il serait indécent de taxer le gé—

nie, et qu'on ne pouvait jamais payer trop cher un chef-d'œuvre qui fixait l'attention publique. En effet, tous les passans s'arrêtaient devant ce petit monument élevé à la vanité d'un marchand; mais si les uns le contemplaient avec une niaise admiration, les autres souriaient avec malignité. Cependant nos jeunes gens songeaient à meubler leur appartement, et choisissaient de préférence ce que le luxe a inventé de plus riche, ce que le caprice de la mode a imaginé de plus élégant; cela fait, ils confièrent le soin de leur magasin à des commis dont l'œil du maître n'éclaira jamais la conduite.

L'hiver commençait : Amanda courut les bals, et y fit admirer une grâce et une légèreté que nos premières danseuses auraient enviées. Chacun vantait sa beauté, ses talens, et le pauvre Théodore, avec qui elle ne dansait jamais, remerciait le ciel de lui avoir donné une femme si accomplie. Au printems, Amanda, qui avait lu dans les romans de charmantes descriptions des plaisirs purs dont on jouit à la campagne, engagea son mari à louer une habitation agréable sur les bords de la Seine. Théodore trouva que ce petit caprice champêtre était fort raisonnable. La maison fut louée ; les jeunes époux y passaient régulièrement trois jours par semaine, et ne manquaient pas d'y inviter tous leurs amis, qui payaient leur dîner en complimens plus flatteurs pour Amanda que pour Théodore. Pourtant ils convenaient que ce dernier faisait à merveille les honneurs de sa maison, et qu'on ne pouvait pas se ruiner plus noblement. Paris est plein de ces amis-là, qui n'attendent pas que la digestion soit faite pour se moquer de leur Amphytrion.

Nous touchons à la catastrophe de Théodore. Sa femme mourut l'hiver suivant ; son beau-père lui demanda la restitution de la dot ; les créanciers, inquiets, se présentèrent en foule. Théodore, désespéré, vit alors pour la première fois l'abîme profond que ses folies avaient creusé sous ses pas. Il croyait entendre la voix terrible de son père qui lui criait : « Pourquoi n'as-tu pas imité ton frère ? » Au même instant ce bon frère, Eugène, se précipite dans ses bras. « Tant que vous avez été livré à la dissipation et aux plaisirs, j'ai craint de vous importuner par mes visites ; j'apprends que vous êtes malheu-

reux : me voilà, Messieurs, ajouta-t-il en s'a-
dressant aux créanciers, les poursuites sont inu-
tiles ; j'acquitterai toutes les dettes de Théodore;
le nom de mon père ne sera point déshonoré ! »
Ces seuls mots, prononcés par un homme dont
la réputation était si bien établie, rassurèrent
les créanciers, qu'on vit se retirer aussitôt.
« Allons, bon courage, poursuit Eugène, visi-
tons le magasin. » Il ouvrit successivement plusieurs paquets ; mais quel fut son étonnement de
n'y trouver que du foin ! « Arrêtez ! mon frère,
criait Théodore, je meurs de honte ! — J'en ai
vu assez, suivez-moi ; le bonheur habite encore
dans la maison paternelle. » Arrivé chez lui :
« Ma femme, dit Eugène, l'enfant prodigue est
revenu ; tuons le veau gras. » Adèle fit à son
beau-frère l'accueil le plus affectueux ; et, depuis, elle n'a jamais cessé d'avoir pour lui les
attentions les plus délicates, les prévenances les
plus aimables. Aujourd'hui, Théodore aime
l'ordre, le travail et l'économie ; c'est de tous
les commis d'Eugène le plus intelligent. Son
frère lui demande quelquefois s'il n'a pas envie
de se remarier. « Oui, quand je trouverai une

autre Adèle. — En ce cas, mon frère, vous ne vous marierez plus. » Adèle, qui entend ce petit dialogue, saute au cou de son mari, l'embrasse avec tendresse, et lui demande un baiser pour l'enfant qu'elle nourrit.

~~~~~~

— N° XIV. —

~~~~~~

GUERRE DES MÉDECINS

ET

DES APOTHICAIRES.

—

> Quelles drogues, Monsieur, sont celles que vous venez de dire? Il me semble que je ne les ai jamais ouï nommer.
>
> MOLIÈRE , *le Médecin malgré lui.*

VOILA donc les médecins aux prises avec les apothicaires! La guerre est déclarée ; et c'est la pharmacie qui, dans son *Bulletin*, journal très-piquant, a commencé les hostilités. Impatiente du joug, elle veut briser ses fers et marcher l'égale de la médecine. C'est une guerre d'esclaves révoltés contre leurs maîtres ; car les pharmaciens sont les ilotes des disciples d'Hippocrate. Le médecin ordonne, le pharmacien exécute, toujours *conformément à l'ordonnance;* il ne peut se permettre le moindre changement : son obéissance doit être passive. Il gagne, il est vrai, deux à trois cents pour cent sur cette ordonnance ; mais ne gagnerait-il pas davantage s'il prescrivait et exécutait tout à la fois ? Au reste, moins de profit et plus d'honneur, telle est sa devise. Le corps pharmaceutique entreprend aujourd'hui de se placer dans l'opinion à côté de la faculté qui, jusqu'à ce jour, lui a donné des lois. Quelle que soit l'issue du combat, il sera toujours honorable d'avoir tenté la fortune. Si l'ambition est l'apanage des ames généreuses, qui plus qu'un apothicaire a le droit d'être ambitieux ?

D'après l'usage établi entre deux puissances belligérantes, MM. les pharmaciens ont publié leur manifeste.

Leur style est âcre : je ne sais dans quelle drogue ils ont trempé leurs plumes ; mais le ton du *docteur Aplopharmaque* n'est pas plus doucereux : on voit qu'il combat *pro aris et focis*, c'est-à-dire pour ses autels et sa cuisine. A l'entendre, le médecin est l'architecte et le pharmacien et le maçon, passif exécuteur des ordres qu'il reçoit, et auxquels il doit se soumettre sans se permettre la moindre observation. Se servant d'une autre comparaison, il soutient qu'un apothicaire qui prétendrait faire partie de l'august faculté, ressemblerait assez à un libraire qui voudrait participer aux couronnes décennales, parce qu'il a publié et qu'il débite *l'Emploi du Tems*, de M. Julien, ou *la Mort de Henri IV*, de M. Victorin-Fabre. Les plaintes des opprimés ne font aucune impression sur son esprit; cependant elles m'ont paru fort touchantes. Si, par exemple, l'on ne veut pas que les apothicaires aspirent aux honneurs de la médecine, pourquoi souffre-t-on que les médecins partagent les profits de la pharmacie? *Dans telle ville*, dit le manifeste, *le bourreau exerce à la fois la médecine et la pharmacie*. On ne trouve pas mauvais que le bourreau soit médecin ou que le médecin soit bourreau; mais de quel droit se permet-il de composer et de vendre des remèdes ?

MM. les pharmaciens se plaignent encore du peu de consommation qui existe aujourd'hui dans Paris. On sait qu'autrefois ils appelaient *saison morte* celle où il y avait peu de malades ; maintenant c'est l'année entière qu'ils accusent : on dirait que nous nous sommes donné le mot pour nous bien porter. On a même renoncé à ces médecines qu'on nommait *médecines de précaution*. Ajoutez que de jeunes docteurs ont supprimé les longues ordonnances ; et introduisant dans l'art de guérir je ne sais quelle philosophie, font la médecine *avec de l'eau tiède et des substances simples*, et proscrivent tous les médicamens employés par leurs prédécesseurs ; d'autres, plus coupables encore, ont imaginé une doctrine qu'ils appellent *expectante :* ils observent, craignent de troubler la marche de la nature et se reposent sur elle du soin de sauver le malade. « C'est peut-être, dit *M. Pesche*, auteur du » manifeste ; c'est peut-être un bien pour l'hu- » manité, mais à coup sûr c'est un très-grand » mal pour les pharmaciens. » Infortunés apothicaires ! on ne peut servir l'humanité sans les ruiner. Hélas ! qu'est devenu ce tems, cet heureux tems où la médecine faisait périr le malade sous le poids de ses longues ordonnances ; ce tems où les mortiers des officines ne pouvaient suffire à la manipulation ? Il n'est plus ! *La thérapeutique se simplifie tous les jours :* on n'ajoute plus les dangers des médicamens à ceux de la maladie, tandis qu'autrefois on commençait par en ordonner une douzaine, puis l'on voyait ce qu'on avait à faire. Il semble, en vérité, que les médecins aient oublié qu'il y a des apothicaires sur la terre ; c'est peut-être un bien pour l'humanité, mais à coup sûr c'est un très-grand mal pour les apothicaires. Voyez le manifeste, signé *Pesche.*

Ce n'est pas tout encore ; ces médecins philosophes, qui *traitent leurs malades avec de l'eau et des substances simples*, prennent plaisir à augmenter le nombre des pharmaciens ; et, non contens d'avoir diminué la consommation des médicamens, multiplient les débitans à l'infini, *les écoles de médecine deviennent des fabriques de pharmaciens à cent pistoles par tête ;* et s'il faut en croire MM. les apothicaires, les membres des facultés sont de vrais fripiers de diplômes. Ils demandent donc avec instance qu'on supprime dans Paris quarante officines : il ne nous en restera qu'une centaine, et c'est plus qu'il n'en faut pour vendre *de l'eau et des substances simples*, puisque la médecine ne veut plus employer d'autres médicamens.

Telles sont les plaintes des apothicaires ; elles sont vraiment touchantes, et doivent intéresser tous les cœurs sensibles. Qui jamais aurait pu croire que ces messieurs seraient aussi victimes du progrès des lumières? Au reste, le mal étant connu, ils ont dû s'occuper du remède ; et voici ce qu'ils ont imaginé : Voyant qu'on ne faisait plus la médecine à leur fantaisie, ils se sont affublés de la robe doctorale ; les officines se sont transformées en bureaux de consultation médicale : si le malade ne peut s'y transporter, l'apothicaire se transporte chez le malade. « A quoi bon, lui dit-il, appeler le médecin? je connais mieux que lui la vertu du médicament qu'il vous prescrirait, puisque je les compose tous : d'ailleurs, il est certaines drogues dont l'effet est sûr, et que nous nous sommes bien gardés de faire connaître aux médecins. » Ces raisonnemens peuvent séduire quelques malades peu favorisés de la fortune ; chez les riches, le préjugé repousse violemment ces nouveaux docteurs, qui, au lieu d'un bonnet, portent un tablier, et participent un peu à l'odeur des drogues qu'ils manipulent : enfin il serait peu décent de mourir en vertu de l'ordonnance d'un apothicaire.

Il faut en convenir, la situation de MM. les pharmaciens est vraiment déplorable ; mais sont-ils exempts de tout reproche ? Ne doivent-ils pas s'accuser les premiers de la décadence de leur profession ? N'ont-ils pas renoncé volontairement à l'une de leurs plus belles attributions ? Pourquoi ne font-ils pas ce que faisaient leurs pères ? Dans les beaux jours de la pharmacie, les apothicaires avaient un libre accès au lit de tous les malades, et y faisaient ce que M. *Fleurant* appelle sa fonction. Leur ministère consistait à *délerger* les secondes voies, ministère *benin* et très-lucratif. Ils n'ont pas senti tout ce qu'ils perdaient en quittant un poste aussi important. C'était pour eux un point de contact avec les malades, un moyen sûr de s'insinuer dans leur esprit, et de gagner leur confiance. Peut-être auraient-ils fini par supplanter les médecins; mais un faux point d'honneur les a privés de cet avantage. Ils ont cru que leur art serait fort anobli, si, pour me servir de l'expression de Molière, ils ne *parlaient qu'à des visages*, et leur sotte vanité a rompu tous les liens qui existaient entre eux et les malades. En quittant la partie, ils l'ont perdue. C'est de cette époque que doit dater la décadence de la pharmacie. Je le dis avec assurance, et sans crainte d'être démenti par ceux qui ont réfléchi sur cette importante question, la seringue était le plus beau fleuron de la couronne des apothicaires.

Ils reprochent maintenant aux *médecins, nouvellement décorés d'un bonnet de docteur, d'affecter de se tenir à une grande distance au dessus des pharmaciens*, et le docteur Aplopharmarque leur répond : « Depuis quand celui qui com-
» mande doit-il se mettre sur la même ligne
» que celui qui obéit? Parce que nos vassaux
» veulent s'élever jusqu'à nous, devons-nous
» nous abaisser jusqu'à eux? » Ainsi, les apothicaires ne pourront jamais faire disparaître

cette ligne de démarcation qui les sépare de leurs maîtres. L'opinion est pour ces derniers ; et, en médecine comme en politique, l'opinion est une puissance. Les médecins pourront, quand ils le voudront, châtier leur livrée ; les plus sages d'entre eux ne prescrivent aujourd'hui que des *substances simples*, et le tems n'est peut-être pas éloigné où la raison et l'expérience éclairant enfin la médecine, tous ceux qui l'exercent seront *expectans* ; et les apothicaires savent ce qu'ils ont à gagner avec des médecins *expectans*. Supposons même que quelques praticiens, esclaves d'un préjugé souvent très-nuisible, restent fidèles à l'ancienne doctrine, qui les empêche de déclarer que les pharmaciens, leurs mandataires, ont perdu leur confiance, et de préparer eux-mêmes les médicamens qu'ils jugeront à propos de prescrire? Alors que deviendront ces brillantes officines qui doivent tout leur éclat aux ordonnances médicales?

On n'a point oublié qu'autrefois les apothicaires, en vertu d'un contrat revêtu de toutes les formes légales, reconnaissaient les médecins pour leurs *maîtres* et *directeurs*, et que chaque année ils étaient tenus de prêter serment d'*observer inviolablement les ordonnances de la faculté*, qui, pour prix de cette soumission, leur promettait sa bienveillance et sa haute protection. Maintenant, qui le croirait? les apothicaires prétendent assister *comme examinateurs aux réceptions des médecins*. O sacrilége! ô profanation! un apothicaire siégerait à côté d'un docteur de la faculté!.... Lorsque Catilina osa paraître dans le sénat, tous les sénateurs reculèrent d'horreur, *partem subselliorum nudam atque inanem reliquerunt*. Ainsi l'on verrait tous les vieux docteurs s'éloigner avec indignation de ces intrus, qui, sans titre légitime, prétendraient ne faire qu'un saut de leurs comptoirs au banc doctoral, et pour attester le déshonneur de la faculté, la statue d'Hippocrate serait couverte d'un voile funèbre.

Nous devons tous aujourd'hui prêter main-forte aux médecins. Si les apothicaires triomphaient, la médecine éprouverait une révolution qui pourrait nous coûter fort cher. On dirait anathème aux *substances simples*, qui sont peu dangereuses, mais ne rapportent rien à la phar-

macie, et l'on reviendait aux médicamens com-
posés, dont nos pères se sont fort mal trouvés.
Ce serait sans doute un très-grand bien pour les
apothicaires, mais ce serait un très-grand mal
pour l'humanité.

— N° XV. —

COMBAT DES ANIMAUX

A LA BARRIÈRE.

—

L'ours a-t-il dans les bois la guerre avec les ours ?
Boileau, *Satire de l'Homme.*

Ce n'est pas moi qui fréquente les théâtres du premier ordre. Qu'irai-je faire à l'Opéra? Est-ce que la musique m'amuse? Je ne vais pas davantage aux Français. On a beau dire et redire sans cesse que la comédie corrige les mœurs, je n'en crois rien, et votre Molière n'est point du tout mon fait. D'abord il a de ces mots grossiers qui blessent toujours les honnêtes personnes; puis, me diriez-vous, pourquoi, depuis qu'elle a vu

I.   8

Georges Dandin, ma femme ne peut plus me regarder sans avoir envie de rire ? Tout cela ne m'annonce rien de bon. Adieu donc la comédie, cette belle école des mœurs qui apprend de si bons tours à nos femmes et à nos filles. Je préfère, et je fais cet aveu sans rougir, je préfère les spectacles populaires, que je crois très-propres à former l'esprit et le cœur. On me permettra donc d'en parler quelquefois, puisque messieurs les journalistes n'en parlent jamais. Je commencerai par le combat des animaux, qui « surprend tous les spectateurs à la barrière, ancien chemin de Pantin. » C'est, sans contredit, le premier des spectacles du troisième ordre. Il vient immédiatement après le Cirque-Olympique.

Un érudit de mes amis, candidat depuis quinze ans à l'académie des inscriptions, et qui a publié une dissertation tendante à prouver que l'origine des papillottes remontait au siége de Troie, m'a assuré que les Grecs connaissaient les spectacles du genre de celui que j'annonce. Il prétend même que tous les dimanches, après vêpres, les Athéniens faisaient battre leurs coqs près du Pyrée. Je ne suis pas sûr du fait; en conséquence, je passe aux Romains. Les combats d'animaux firent long-tems leurs plus chères délices, et lorsqu'ils commencèrent à se blaser sur les lions et les tigres, il fallut que de très-honnêtes gens consentissent à se casser bras et jambes pour les amuser; et malheur à la victime si elle faisait la grimace en expirant! On la sifflait impitoyablement comme on siffle chez nous un mauvais acteur qui ne sait point son rôle; car les Romains, qui avaient du goût, voulaient qu'on mourût avec grâce : c'était vraiment un peuple bien aimable. Aussi j'en raffolais dans mon collége, où on ne me parlait que de lui. Tout ce que j'entendais, tout ce que je voyais me transportait à Rome. Je prenais la rue Saint-Jacques pour la voie sacrée, Sainte-Geneviève pour le Capitole, et le correcteur du pensionnat, dont je me souviens bien, pour l'un des licteurs du consul. Ce beau rêve dura jusqu'à la fin de mon année de rhétorique. Une particularité de ma vie détruisit alors toute mes illusions : le citoyen romain se réveilla dans l'étude d'un procureur.

Après avoir, suivant l'usage, fait preuve

d'érudition, je reviens à mes dogues, à mes ours et à mon taureau de la barrière du Combat, qui descendent en droite ligne des gladiateurs romains, dont ils peuvent encore nous retracer une faible image. Averti dernièrement par une affiche de deux pieds, collée sur tous les murs de la capitale, que ce spectacle, toujours interrompu pendant l'hiver, allait être rendu aux vœux des amateurs, je pris mes mesures pour ne pas manquer le jour d'ouverture. Placé aux premières loges, je vis cette vaste enceinte se remplir en un instant, et quoique l'affluence des curieux fût très-considérable, je dois à la vérité de déclarer que tout se passa dans le plus grand ordre. Je gagerais qu'il n'y eut pas plus de cinq à six coups de poing de distribués.

L'assemblée était moins brillante que nombreuse ; les schalls de Ternaux n'y blessaient pas la vue par l'éclat de leurs vives couleurs ; les garnitures des robes n'étaient pas tout-à-fait aussi hautes que le prescrit le *journal des Modes*. Cependant comme la mise des dames était décente dans sa simplicité, le coup d'œil général n'avait rien de désagréable.

L'orchestre, composé d'un seul musicien qui

fait du bruit comme quatre, annonça bientôt que le spectacle allait commencer. Le plus grand calme régnait dans le parterre, à l'amphithéâtre et dans les loges. Quelques farces servirent de prélude aux combats dont nous devions être les témoins. Lorsqu'elles furent terminées, deux ours entrèrent en scène. Récemment arrivés des Pyrénées à la barrière, ils n'avaient encore paru sur aucun théâtre; c'était la première fois qu'ils se trouvaient en présence d'une assemblée aussi imposante. Il ne faut donc pas s'étonner s'ils éprouvèrent d'abord cette agitation, ce trouble intérieur qui ne permettent jamais à un débutant de se servir de tous ses moyens. Cependant, après quelques minutes, encouragés par nos ap-plaudissemens, ils montrèrent plus d'assurance, et la lutte s'engagea. Ce serait de ma part une grande témérité de vouloir les juger d'après une première représentation. Je me contenterai d'ob-server que la nature a beaucoup fait pour eux. Le tems, l'étude et l'amour de leur art feront le reste. Qu'ils profitent des leçons du maître ha-bile qui s'est chargé de les instruire, de leur transmettre les bonnes traditions qu'il doit à sa longue expérience, et je ne doute pas qu'alors ils n'effacent tous les regrets que leurs fameux prédécesseurs ont laissés en nous quittant.

Leur lutte, au reste, ne pouvait jamais être bien dangereuse, car ils se traitaient avec beaucoup d'égards. Il paraît que, prévoyant le rôle auquel on les destinait, ces deux compères, malins comme des cadets de Gascogne, étaient convenus en route de se ménager dans l'occasion, et de faire pate de velours. Passe pour cette fois; mais nous espérons que, dans les représentations suivantes, leur jeu sera plus sérieux, et que, pour nous faire plus de plaisir, ils voudront bien se faire un peu plus de mal. Je n'ajouterai plus un seul mot. Il m'en cuirait, si l'un de ces messieurs, irrité d'une critique amère, s'élançait un jour dans ma loge, et me serrait la main d'une manière trop affectueuse.

Quand ils eurent cessé de lutter, on leur ordonna de monter à un mât de Cocagne de soixante pieds de hauteur, et ils déployèrent, dans cette ascension, la grâce, la souplesse et la précision naturelles à des ours bien léchés. Accueillis à leur retour par les plus vifs applaudissemens, ils reçurent, avec une modestie dont je suis encore édifié, ce témoignage non équivoque de

notre admiration. Puissent-ils conserver long-
tems cette pudeur qui sied bien au talent, mais
qui, de jour en jour, devient plus rare! C'est ici
le lieu de remarquer qu'au théâtre de la barrière du Combat il n'y a ni brigue ni cabale pour
ou contre un acteur ; celui-là seul est applaudi
qui mérite de l'être : on ne voit point dans le
parterre le coin de l'ours et le coin du sanglier,
comme on trouve quelquefois ailleurs le coin de
telle ou telle actrice. Aussi les applaudissemens
prodigués dans d'autres théâtres, sans honneur
pour l'artiste et sans profit pour le public, sont
accordés ici avec discernement, et enflamment
les champions de la plus noble émulation ; car,
notez bien ce point, le spectateur applaudit, non
pour l'argent qu'il reçoit, mais pour celui qu'il
donne.

Après le salut d'usage, les ours se retirè-
rent avec gravité. Un *jeune* et *vigoureux* taureau,
tel que l'affiche nous l'avait promis, fut intro-
duit sur la scène, et on lança contre lui plusieurs
dogues dont la faim doublait le courage. Tant
que les dogues se contentèrent d'aboyer, le taureau, bonne personne et patient de son naturel,
méprisa ce vain bruit, et sûr de sa supériorité,

regarda en pitié ces ennemis indignes de sa corne. Enhardis par son inaction, et attribuant à la faiblesse ce qui n'était dans ce fier animal que le sentiment de sa dignité, ils s'élancent sur lui et s'excitent à le mordre ; l'un le saisit au pied, l'autre ailleurs. Le taureau, furieux, s'agite en tous sens, menace et frappe de la corne le dogue qu'il peut atteindre. Tel on le voit...... Je supprime ma comparaison ; chacun sait que les taureaux de la barrière du Combat savent, quand on les fâche, se faire respecter. Le nôtre allait donc tout simplement éventrer le plus imprudent de ses adversaires, lorsque son maître vint réprimer cette petite vivacité.

J'avais auprès de moi une de ces femmes sensibles qui ne manquent jamais de se trouver mal lorsque, par inattention, vous marchez sur la pate de leur chien bien-aimé. Tant que dura le combat, elle feignit de détourner ses regards de l'enceinte, et criait à l'horreur, à la barbarie ; bientôt son cœur éprouva de violentes palpitations : « Pauvre dogue ! » disait-elle en soupirant. Comme elle paraissait décidée à s'évanouir, je tirai un flacon de ma poche ; mais quelle fut ma surprise, lorsqu'au moment où l'on sépara les combattans, je vis ma sensible voisine s'enflammer de colère, et que je l'entendis se plaindre très-haut de ce qu'un combat, une fois commencé, ne s'achevait pas à tous risques et périls! Je remis tranquillement mon flacon dans ma poche, satisfait d'avoir appris jusqu'où la sensibilité d'une femme pouvait aller. Il faut, pour observer et s'instruire, faire un tour à la barrière du Combat. Les spectateurs n'y sont pas moins intéressans que le spectacle.

Lorsque la chasse du sanglier et l'enlèvement d'un boule-dogue au milieu d'un tourbillon d'artifice eurent mis le comble à nos plaisirs, chaque assistant voulut témoigner sa reconnaissance aux athlètes qu'il croyait les plus dignes de cette honorable distinction; les uns demandaient les deux ours, les autres le sanglier, ma voisine le jeune et vigoureux taureau; mais le parterre eut beau s'égosiller, les animaux, plus sages que lui, refusèrent de condescendre à ses désirs, pensant, avec beaucoup de raison, que leur dîner, qui venait d'être servi dans leur loge, était plus important pour eux que le vain bruit des applaudissemens. La foule, fatiguée de crier, se retira.

Avant de l'imiter, je voulus causer un instant

avec le directeur. Afin de capter sa bienveillance, je le priai de me vendre un petit pot de cette bonne *huile d'ours* qu'il vend, dit son affiche, *pour les guérisons*. Ce procédé le toucha. La confiance étant donc établie entre nous, je le priai de me dire par quels moyens il venait à bout de former à cette discipline admirable que j'avais remarquée dans sa troupe, des caractères si indociles, si rebelles au joug qu'on veut leur imposer; par quel art, inconnu ailleurs, il avait su apaiser les rivalités, triompher des caprices, et fixer enfin l'ordre au milieu du désordre.

« Justice, sévérité, me répondit celui à qui appartiennent le taureau, le dogue et les ours; justice, sévérité, voilà mon code; il est fort simple. Je punis et je récompense à propos. Avec moi, les paresseux n'ont pas beau jeu, et je sais comment on guérit une indisposition supposée. Aussi mes ours ne sont jamais enrhumés; jamais mon taureau n'a la migraine. Point de familiarité avec mes subordonnés; ils oublieraient bientôt que je suis leur maître. Grâce à cette méthode, je tiens toujours ce que mon affiche promet, et vous avez pu remarquer que, si j'annonçais un ours, je ne donnais pas un singe. Justice, sévérité; je ne sors pas de là. »

J'étais prédestiné à être heureux ce jour-là; car mon étoile voulut qu'avant de rentrer chez moi, je rencontrasse sur le boulevart la troupe des chiens qui dansent habillés. Ces jeunes artistes me procurèrent un nouveau plaisir. Vous ne sauriez croire combien les bêtes ont d'esprit lorsqu'on cultive leur intelligence.

— N° XVI. —

PROJET DE RÉCONCILIATION

ENTRE

LES AUTEURS ET LES JOURNALISTES.

—

> Je te pardonne, mais tu me le paieras.
> MOLIÈRE, *le Médecin malgré lui.*

UNE année nouvelle va commencer ; nous touchons au premier jour de janvier. C'est une époque de réconciliation : tout ce que nous voyons, tout ce que nous entendons ne nous parle que de paix et d'amour. La rancune ne tient plus, les inimitiés s'apaisent, la haine étouffe ou suspend ses projets de vengeance. C'est la fête des familles : les parens qui s'évitaient se recherchent ; l'enfant prodigue vient sous le toit paternel ; les frères même oublient qu'ils sont frères, et se prodiguent les marques d'une tendresse réciproque. Que de vœux, dont peut-être on ne se souviendra plus dans trois jours ! Que de caresses sincères ou perfides ! Que de baisers donnés et rendus ! Je veux profiter de cette heureuse circonstance, et m'efforcer de réunir les auteurs et les journalistes, qu'une guerre funeste a trop long-tems divisés. L'entreprise est difficile, et pourtant je ne suis point sans quelque espoir d'y réussir. Déjà, caressant une illusion qui m'est chère, je jouis d'un spectacle bien touchant : je vois ces vieux ennemis se rapprocher, jurer de s'aimer, et s'embrasser cordialement.

Mais, qui fera les premières avances? Journalistes, approchez : auteurs, faites un pas. Ils reculent ; leurs regards craignent de se rencontrer. Journalistes, les torts sont de votre côté. Offrez donc le calumet de paix à ces auteurs sauvages dont vous avez offensé l'amour-propre. La promesse d'adoucir, en leur faveur, l'amertume

de vos critiques sera le premier gage de la réconciliation. Oh! qu'il se présente une belle occasion d'être indulgent! Deux choses m'ont toujours étonné dans ce monde : le nombre des
feuilles qui tombent en automne et celui des
poètes qui tombent en hiver. Le déluge a commencé : nous sommes inondés de vers. Apollon
a convoqué, pour cette époque, le ban et l'ar-
rière-ban du Parnasse. Tout ce qui vit et respire sous les lois de la rime a répondu à cet
appel : le contingent poétique a été doublé ; les
portefeuilles sont vides ; les almanachs sont
pleins.

Qui pourrait les compter? l'un est dédié aux
Muses, l'autre aux *Grâces*, celui-ci aux *dames*,
celui-là aux *demoiselles*. Car, maintenant les
demoiselles bien élevées veulent partager toutes
les prérogatives dont jouissent leurs mères. Et
les *chansonniers !* ils sortent de dessous terre. On
ne peut faire un pas sans risquer d'écraser un
Anacréon. Chansons érotiques, chansons à
boire, chansons à manger, chansons à..... que
sais-je, moi? Les titres de ces recueils feraient
seuls un volume aussi piquant que tout le reste.
Ils ont suffi à la prodigieuse quantité de vers

fabriqués dans le cours de l'année ; ce qui n'était jamais arrivé depuis la belle institution des almanachs. Comme ils étaient autrefois moins nombreux, leurs rédacteurs se montraient plus difficiles. L'insertion d'un madrigal était une grande affaire, et se négociait six mois d'avance. Pour voir briller son nom dans la liste alphabétique des élus, il fallait un petit talent ou de grandes protections ; aujourd'hui, c'est une bénédiction, il ne faut plus rien de tout cela. Un rédacteur fait-il la grimace en lisant votre pièce ? vous la présentez à son voisin. Les *Muses* vous rebutent ? les *Grâces* vous tendent les bras. La *lyre d'Apollon* refuse vos couplets ? *la lyre* de M. *** les accueille. De cette manière, tous les vers, bons ou mauvais, ont trouvé un débouché, et il n'y a pas aujourd'hui en France un seul hémistiche inédit. Les poètes sont contens, et les lecteurs doivent l'être aussi, car il y a beaucoup d'esprit dans les gravures dont tous ces recueils sont embellis. Voilà donc nos étrennes. Quelle que soit la qualité du présent, recevons-le avec indulgence. La critique doit déposer sa férule à une époque qui peut être regardée comme les saturnales du Parnasse.

On voit que je ne plaide point ici la cause des poètes distingués par leurs talens ; je parle pour ceux qui n'en ont pas. Voilà mes cliens ; plus ils sont faibles, plus ils doivent nous intéresser. Leurs prétentions, d'ailleurs, sont si modérées, et leurs succès si peu faits pour exciter l'envie et provoquer la sévérité de la critique ! feux follets de la littérature, ils ne brillent qu'un instant. Leur lueur passagère ne peut même se traîner jusqu'à la fin de janvier. Ils naissent le 1er ; le 15 ils ne sont plus : voilà comme ils sont immortels ! N'y aurait-il pas de la barbarie à vouloir abréger une existence qui dure si peu ? Souffrons donc qu'ils jouissent d'une récompense aussi vaine que leur mérite, et d'un triomphe proportionné à leur talent. Paix à ces petites renommées qui ne laissent aucune trace ! paix à toutes les pièces fugitives enterrées dans les almanachs ! que ces recueils soient un refuge assuré, où la médiocrité puisse venir s'abriter.

Passez donc, auteurs innocens de quatrains et de madrigaux, passez ; ne craignez point la critique : désarmée par la circonstance, elle n'a plus de traits à diriger contre vous. Eh ! à qui pourrions-nous apprendre que vous n'êtes pas nés poètes? vos vers ne le crient-ils pas assez haut ? Passez aussi, passez, chansonniers enrhumés, successeurs à jeun des poètes qu'inspirait l'excellent vin de M. Balaine ; membres du Caveau depuis qu'il est fermé, convives infortunés, appelés au banquet lorsque la table était desservie, passez et profitez de ces jours d'indulgence. Le commencement de l'année sera désormais la trève des journalistes. Vous n'êtes pas, d'ailleurs, sans excuse; quand le gosier est sec, la voix est nécessairement enrouée. Le vin qu'on chante avec feu est toujours celui qu'on vient de boire : la verve du chansonnier naît de sa reconnaissance.

Nous croyons souvent justifier nos critiques en alléguant les intérêts du goût. Eh! bon Dieu, que peuvent contre le goût les pauvres cliens dont je défends la cause? ont-ils quelque autorité? jouissent-ils de quelque considération dans les lettres ? exercent-ils la moindre influence sur les esprits? Ils sont très-nombreux, j'en conviens, mais ils pèsent si peu! Puis, est-il bien démontré que de mauvais ouvrages puissent aujourd'hui corrompre le goût? N'avons-nous point des modèles auprès desquels nous saurons nous rallier dans les momens périlleux? Corneille et Racine ne sont-ils pas toujours là pour nous préserver des suites de quelques tragédies modernes? Un peuple qui jouit des chefs-d'œuvre de Molière doit-il craindre sérieusement les drames de l'Odéon? N'est-ce pas une mauvaise plaisanterie d'accuser l'auteur de *Célestine et Faldoni* de perdre la bonne comédie? Je crois bien que s'il continue, il se perdra lui-même; mais nous, que perdrons-nous? Si je ne craignais d'avancer un paradoxe, je dirais pour l'entière justification de mes cliens, que, loin de nuire au bon goût, ils le favorisent. Plus on les lit, plus on aime les écrivains qui ne leur ressemblent pas. En comparant leurs informes productions à celles des grands maîtres, on sent mieux le prix de ces dernières. D'où je serais presque tenté de conclure que s'il faut de bons écrivains pour fixer le goût d'une nation, il en faut de très-mauvais pour le conserver, et, sous ce rapport, ceux que je défends sont des hommes précieux que la critique doit traiter avec les plus grands égards.

Un argument d'un intérêt plus général milite en leur faveur. Vous savez aussi bien que moi que le génie est assez rare dans tous les tems, et que, même de nos jours, il n'est pas très-commun. D'ailleurs, il produit peu. Qu'ont fait Homère et Virgile pour être immortels? deux petits volumes, et voilà tout. En vérité, la postérité est bien bonne d'accorder tant d'honneurs à ces grands paresseux. Vive les mauvais écrivains! ils ne sont point si avares de leurs pensées. J'en connais un qui a composé plus de volumes que toute l'antiquité ne nous en a transmis. Aussi est-il de l'institut, et il le mérite bien. Sans cesse tourmentés du noble besoin d'écrire, ils fatiguent les presses de leur inépuisable fécondité ; leurs productions se succèdent avec une rapidité que leurs lecteurs peuvent seuls expliquer. C'est pour eux, et presque pour eux seuls, que l'art ennoblit le plus vil chiffon, et l'élève à la dignité de papier. C'est par eux que ce papier noirci devient un livre, dépositaire complaisant de toutes les sottises qu'on veut lui confier. Comptez maintenant les genres d'industrie qu'alimente cette heureuse métamorphose. Ce livre n'est pas plus tôt imprimé qu'il faut le brocher, le relier, le colporter, le débiter, et surtout le critiquer. En suivant cette idée, qui ne peut recevoir ici de plus amples développemens, vous conviendrez avec moi qu'un état se passerait fort bien de bons écrivains, mais que les mauvais sont nécessaires à sa prospérité : aussi est-ce sur ces derniers que devraient tomber les bienfaits du gouvernement, s'il était assez riche pour les récompenser ; mais leur nombre est si grand, qu'il épuiserait les trésors des deux mondes.

Il était donc bien impolitique et bien anti-social, cet *Almanach des grands hommes*, publié, il y a aujourd'hui trente-quatre ans, par le comte de Rivarol ! Que de vers il a étouffés ! que d'ouvrages il a condamnés à rester éternellement dans les portefeuilles ! Les neuf dixièmes de la littérature se virent réduits au silence. On ferma les musées ; les recueils poétiques furent, pendant quelques années, d'une maigreur qui affligeait tous les bons esprits. Les poètes inscrits sur le catalogue des infiniment petits, craignant d'être reconnus, n'osèrent plus se montrer. Plusieurs se cachèrent dans les bois, et ils n'ont point reparu ; d'autres changèrent de noms ; car Rivarol avait poussé l'indécence jusqu'à tourner en ridicule ceux que le hasard leur avait donnés, comme s'il n'était pas aussi permis de s'appeler

Briquet ou *Braquet*, que Voltaire et Montes-
quieu, comme si le nom de M. *Thomas Minau
de la Mistringue* était aussi plaisant que ses vers,
et pouvait, le moins du monde, écorcher des
oreilles délicates. Je ne crains pas de l'affirmer ;
cette satire, qui ne fut regardée que comme un
badinage ingénieux, était un véritable attentat
qu'un gouvernement, mieux éclairé sur ses intérêts, n'aurait point laissé impuni. Il est cons-
tant que si, à cette époque, la politique n'eût
point remplacé la littérature, c'en était fait des
presses françaises : l'état perdait une des bran-
ches les plus importantes de son commerce.

A ces causes, et voulant, autant qu'il est en
notre pouvoir, favoriser l'émission des mauvais
ouvrages, dont l'utilité ne peut plus être con-
testée ; considérant que leurs auteurs, loyaux et
fidèles sujets de S. M., contribuent puissamment
à la prospérité de nos manufactures ; désirant
enfin opérer une prompte et sincère réconciliation entre les auteurs et les journalistes, avons
arrêté et arrêtons ce qui suit :

Art. 1er. Une amnistie générale est accordée
à tous les ouvrages publiés à l'occasion de la
nouvelle année.

2. Tous les vers imprimés dans les almanachs, sur les écrins, sur les éventails, *item* ceux qui enveloppent les diablotins de la rue des Lombards, profiteront du bénéfice de cette amnistie.

3. Sera le présent arrêté promulgué dans Paris, à la diligence de M. le secrétaire perpétuel de l'académie, et dans les départemens, par les soins de MM. les secrétaires des athénées, sociétés littéraires, etc.

— N° XVII. —

LES AFFICHES.

—

Pronaque cùm spectant animalia cætera terram,
Os homini sublime dedit, cœlumque tueri
Jussit, et erectos ad sidera tollere vultus.

Tous les animaux ont la tête penchée vers la terre, l'homme seul la lève vers le ciel; et porte ses regards jusqu'aux astres.

N'est-ce pas Ovide qui dit cela? Je lui en fais mon compliment ; mais le ciel est bien vieux, et peut-être ferait-il bien, pour attirer plus de spectateurs, de changer de décoration. Nous avons tant vu le soleil, la lune et les étoiles, que ces beautés surannées parlent moins vivement à notre imagination. Il me semble que, sans porter ses regards aussi haut, l'homme qui aime à s'instruire peut jouir d'un spectacle plus agréable, plus varié, plus digne enfin de fixer son attention. Je veux parler de ces *affiches* qu'une main officieuse applique aux murailles de notre bonne ville pour occuper les nobles loisirs et former l'esprit et le cœur de ses habitans. On les lisait davantage il y a quelques années. Elles faisaient les délices des bourgeois les plus distingués. On les néglige beaucoup trop aujourd'hui. Les esprits superficiels les regardent avec dédain ou les parcourent avec une légèreté vraiment impardonnable. Il ne leur reste plus qu'un très-petit nombre d'amateurs, d'hommes de goût, qui, comme moi, sentent encore tout ce qu'elles valent. C'est une remarque bien affligeante; mais il faut convenir que le goût des choses utiles se perd de jour en jour, et que nous retournons insensiblement vers la barbarie. Cependant, s'il fallait en croire certains optimistes, la raison aurait fait de grands progrès. Quel paradoxe! On parle du perfectionnement de l'esprit humain, et on ne lit pas même les affiches!

Quant à moi, je n'ai rien à me reprocher sur ce point; tous les jours, après mon déjeuner, je sors de chez moi, et je lis les affiches nou-

velles jusqu'à l'heure de mon dîner. Les monumens en étaient autrefois tapissés, et elles y figu-
raient avec avantage. Aujourd'hui, elles n'osent
plus s'y montrer. Le vandalisme les en a ban-
nies ; ces monumens y ont beaucoup perdu.
N'est-il pas vrai que le Louvre est laid à faire
peur, depuis qu'on n'y affiche plus? Les amateurs en conviennent.

Exilées des lieux qui leur étaient si chers, et
qu'elles contribuaient à embellir, les affiches de
toute couleur se sont réfugiées presque toutes
au coin des rues les plus fréquentées, qui leur
ont offert un asile. C'est donc là qu'il faut aller
pour les trouver. Il en est qu'il suffit de lire sur
place. Il en est d'autres qui ont besoin d'être
méditées dans le silence et le recueillement du
cabinet. Ces dernières, je les enlève doucement
quand je suis bien sûr de n'être vu de personne.
Elles sont à moi, puisque je les prends. Grâce
à cet innocent larcin, je possède une superbe collection d'affiches rares et curieuses qui excitent
l'admiration des vrais connaisseurs. C'est le fruit
de quarante ans de recherches. On m'assure que
cela se vendrait fort cher dans l'étranger ; je
n'ai pas de peine à le croire ; mais je suis trop

bon Français pour vouloir priver mon pays d'un si riche trésor. Mon testament est fait ; je lègue ma collection d'affiches à l'académie des inscriptions et belles-lettres, qui voudrait déjà la tenir.

Quand je lis les affiches, c'est toujours avec une telle application que rien ne peut me distraire, ni les pesantes charrettes, ni les légers wiskis, ni les juremens des conducteurs, ni les cris des passans. Je suis, à proprement parler, collé à la muraille. C'est ainsi qu'il faut lire les affiches. Tous les tems me sont bons ; je les prends comme ils viennent. S'il pleut, je déploie mon parapluie et continue ma lecture. S'il gèle, n'ai-je pas un manchon? Voilà des faits que tous les afficheurs de Paris peuvent attester, car ces braves gens me connaissent bien. Je suis souvent sur leurs talons, et quelquefois il m'arrive de tenir leur échelle. C'est un petit service que j'aime à leur rendre, et dont ils me paraissent fort touchés. Pauvres amis! quand je ne serai plus, qui vous accompagnera? qui tiendra votre échelle? qui lira vos affiches? cette pensée m'afflige. N'est-il donc pas honteux de rencontrer dans Paris tant de gens désœuvrés, tant de musards qui ne connaissent pas le prix du tems? les uns parcourent les quais, les places et les promenades, sans aucun but déterminé, perdent une heure auprès d'un grimacier, et en perdent deux à voir danser les chiens-artistes; les autres, en sentinelles sur les ponts, crachent dans la Seine pour y faire des ronds, en attendant que le coche d'Auxerre arrive, ou que la galiote de Saint-Cloud mette à la voile. Les uns et les autres ne feraient-ils pas mieux de lire les affiches? Le tems qu'ils gaspillent est irréparable. La vie est si courte! on a tant de choses à apprendre! moi, j'en sais beaucoup. Pas un *chien perdu* ne m'échappe, et cette connaissance me fournit quelquefois l'occasion d'obliger de fort honnêtes gens.

Vous souvient-il de ce petit mopse qui fit tant de bruit dans Paris, et dont la perte coûta tant de pleurs aux beaux yeux noirs de madame ** ? C'est moi qui l'ai retrouvé ; c'est moi qui l'ai replacé sur les genoux de son inconsolable maîtresse. Vous devinez ce qui dut se passer lors de cette entrevue. Quels transports! quelles caresses! quels baisers! Non, je n'oublierai de ma vie cette scène attendrissante. Madame ** allait s'évanouir, si son mari, une fiole à la main, n'était venu à son secours. Ce mari était à peindre. Emu jusqu'aux larmes, il ne tarissait pas sur la sensibilité de sa femme.

J'ai signalé un des principaux avantages qu'on peut retirer d'une lecture suivie des affiches. Vous conviendrez avec moi qu'il y aurait beaucoup plus de chiens retrouvés, si tous les passans, à mon exemple, prenaient la peine de transcrire les signalemens qu'on ne manque jamais de faire afficher partout. Mais la société est un bois ; on ne s'entr'aide point, et voilà précisément pourquoi tant de chiens perdus ne se retrouvent jamais. C'est cependant le plus grand malheur qu'une femme qui a le cœur bien placé puisse éprouver.

Toutes les affiches ne se trouvent pas au coin des rues : il en est quelques-unes qui, plus modestes, semblent vouloir se soustraire aux regards de la multitude, et se cachent dans les carrefours, les passages, aux portes de nos temples, etc. Elles ne sont pas les moins intéressantes ; et l'amateur, qui a un peu de zèle, le goût des voyages, et le bon esprit de ne point regretter des pas si bien employés, les a bientôt découvertes. Elles cherchent vainement à m'éviter ; je suis près d'elles au moment où elles me croient encore fort loin. C'est pour cette raison que j'ai des connaissances si variées, une érudition si agréable ; car je ne me borne pas à savoir, comme bien d'autres, quand on doit représenter la *Phèdre* de M. Racine, la *Rodogune* de M. Corneille, la *Mérope* de M. Voltaire, et *la Femme à deux maris* de M. Guilbert de Pixéricourt ; je sais encore où, quel jour et à quelle heure, M. l'abbé *un tel* doit prêcher : je prends mes mesures en conséquence. Irai-je à la comédie ? irai-je au sermon ? Cela dépend de l'actrice qui joue ou de l'abbé qui prêche ; car je deviens difficile ; je veux entendre les premiers talens, sans quoi je ne vais ni à la comédie, ni au sermon. Les jours sont encore longs, et l'on peut fort bien lire encore quelques bonnes affiches après dîner.

Parcourons les plus importantes. La littérature des murailles est immense ; un ouvrage est à peine sorti de la presse, que l'afficheur prend sa médaille, noble attribut de sa magistrature, son échelle, son pot à colle, et court annoncer cette bonne ou mauvaise nouvelle à tous les curieux de la capitale. Grâce à son ministère, Paris nous offre, en plein air, une bibliothèque que les hommes studieux peuvent consulter à toutes les heures de la journée; ils n'y trouvent, il est vrai, que les seuls titres des livres nouveaux; mais, s'ils sont sages, ils ne doivent pas s'en plaindre. Combien d'ouvrages, en effet, dont ils sont trop heureux de ne connaître que les titres! que d'inepties de toute espèce! que de sottises littéraires! que de systèmes bizarres! que de songes creux! Ce n'est pas la faute des affiches. N'avez-vous jamais bâillé en les lisant, surtout quand vous y rencontrez les noms de certains auteurs que la médecine vient d'adopter comme narcotiques, et qui manquent rarement l'effet qu'elle en attend? Eh bien! c'est un avis charitable que ces affiches vous donnent. Elles vous font pressentir tout le malaise que vous éprouveriez en lisant les ouvrages qu'elles annoncent. Rendez grâce à cette sincérité; elle vous épargne beaucoup d'ennui, et l'auteur, qui ne s'en doute pas, tombe le premier dans le piége qu'il vous tendait. Pourquoi se nomme-t-il?

En voyant tant de sots livres affichés sur nos murailles, je suis tenté quelquefois de maudire la mémoire de l'inventeur de l'imprimerie. Mais bientôt j'aperçois une affiche qui m'apprend que la nouvelle édition de *la Mécanique analytique* de Lagrange vient de paraître; j'en vois une autre qui m'avertit que M. Michaud a réimprimé un des poëmes de Jacques Delille. Soyons justes, dis-je alors, ces chefs-d'œuvre compensent avec avantage *les Rêveries philosophiques* de M. **, et demandent grâce pour les volumineuses compilations de M. ** et les poésies de M. ***, que je n'ai pas besoin de nommer ici. Gardons-nous de calomnier une découverte qui transmet, sans aucune altération, à la postérité les fruits du génie et d'une brillante imagination. Si elle eût été faite plus tôt, nous aurions aujourd'hui et tous les ouvrages de Tacite, et beaucoup d'affiches grecques et romaines dont la perte est irréparable.

Biens à vendre. Spéculateurs à la hausse, à la baisse, ceci vous regarde. Moi, je n'ai pas le sou : il faut bien que je sois philosophe et que je sache borner mes désirs. Achetez donc, vous autres ; mais souvenez-vous bien que, si la fortune est aveugle, elle est aussi fort inconstante. J'ai vu, depuis trente ans, passer plusieurs fois, sous mes yeux, les plus beaux châteaux et les

plus belles terres de France. Tout cela m'a dé-
taché des biens de ce monde. Eh! qu'ai-je à désirer? Tous les matins, je lis les affiches; tous
les soirs, j'en cause avec mes amis. Est-il un
philosophe plus heureux que moi?

J'ai pitié des journalistes qui se flattent d'être
les dispensateurs de la renommée. A les entendre, on n'arrive à la postérité qu'en passant par
leurs petites feuilles. Ce sont des glorieux qui
s'en font trop accroire. Les afficheurs, plus modestes, et qui ne se targuent pas autant de l'importance de leurs fonctions, servent cent fois
mieux la gloire des auteurs; cela se conçoit facilement. L'affiche reste long-tems exposée à nos
regards, tandis qu'on ne parle plus le soir du
feuilleton qu'on a lu le matin. Quels sont ces
jeunes poètes que l'amitié a tant prônés dans les
journaux, et qui ont reçu plus d'éloges, en un
jour, que Corneille, Racine et Boileau dans
toute leur vie? Redites-moi leurs noms. Les titres mêmes de leurs ouvrages m'ont échappé.
Fleurs passagères, ils n'ont vécu qu'un matin.

Plus heureux et plus sage est l'écrivain qui
confie à l'afficheur les intérêts de sa gloire. Ils
sont en bonnes mains. Tant qu'on posera des

affiches sur nos murailles, il ne sera point entièrement oublié. C'est ainsi que M. D.....u,
auteur de la *Sottisiana*, se rit et du silence que
les journaux ont gardé sur sa satire, et de l'in-
souciance des lecteurs. Célèbre au coin de la
rue, il plane sur nos têtes à côté de M. Laffec-
teur, seul propriétaire du rob anti-syphilitique,
et de M. Thilerier, qui a trouvé la *cause véritable de la queue des comètes*, ce qui dérange un
peu les calculs de nos astronomes. Il me paraît
donc suffisamment prouvé que les affiches contribuent, plus que les journaux, à la célébrité
de certains écrivains. Voilà pourquoi tant d'affiches de ce genre tapissent les murailles.

D'autres nous appellent et s'offrent à nos regards sous un aspect plus riant. Une chose bien
plus difficile à découvrir que la véritable cause
de la queue des comètes, ce sont des dîners
splendides à vingt, vingt-quatre et trente sous.
Or, vous en trouvez par milliers..... sur les
affiches.

Là, pour nous enchanter, tout est mis en usage;.
Tout prend un corps......

Hélas! trop souvent ce corps n'est qu'une ombre lorsque vous visitez les lieux où l'affiche vous appelle. Croyez-moi, laissez votre appétit à la porte; qu'en feriez-vous? Il vous embarrasserait fort; car la seule odeur des mets qui sortent de la cuisine de M. Balaine est plus nutritive que la plupart de ces dîners dont on repaît notre imagination, et dont nos estomacs se trouvent assez mal.

Les affiches des traiteurs qui, par une fort mauvaise plaisanterie, s'appellent restaurateurs, ont forcé M. Durochereau et M. Jean-Louis Farina de placer les leurs un pied plus haut. Il faudrait un Homère pour décrire les combats que ces nobles rivaux ne cessent de se livrer. Cette guerre, plus longue que celle de Troie, serait le sujet d'un très-beau poëme épique. Tant de fiel entre-t-il dans l'ame des distillateurs? « Je ne vends pas des phrases, dit M. Durochereau sur son affiche; mais l'eau que j'annonce est admirable, supérieure à toutes les autres, et cette supériorité a été reconnue par *l'institut chimique.* D'autres, cherchant à extorquer ces titres honorables, se permettent de mettre des armoiries *dont ils n'ont pas droit.* » Ces derniers mots sont adressés à M. Farina, dont l'affiche est *ornée* de trois écussons. Ce distillateur, qui porte un nom fameux dans les fastes de l'eau de Cologne, répond avec dignité :

« Il est des découvertes tellement précieuses
» par leur efficacité ancienne et mémorable,
» qu'elles n'ont pas besoin de nouvelles recher-
» ches et d'additions illusoires, sous le prétexte
» abusif de les annoncer d'une qualité supérieure,
» et de vouloir insensément révoquer en doute
» jusqu'au lieu de leur existence, etc. »

Toute l'affiche de M. Farina est sur ce ton noble et imposant ; cependant je ne prononce point entre les deux rivaux ; j'admire leurs eaux et leurs affiches. Mais qu'il me soit permis de donner un souvenir à *l'Eau des Carmes*, si recherchée autrefois par un sexe que ces bons religieux aimaient à obliger ; motif puissant qui aurait dû nous intéresser à leur conservation.

Des carmes aux perruques, la transition est un peu brusque ; mais je suis pressé de signaler à la reconnaissance de tous les bons Français le service important que M. Tohogne, coiffeur, rue Saint-Honoré, vient de rendre à son pays en perfectionnant *la perruque cintrée*, et en nous communiquant *les doux fruits de ces longues re-*

cherches. Ne dois-je pas encore citer, avec éloges, l'affiche de madame Saint-Ginet, rue des Filles-Saint-Thomas, qui, aidée de ses demoiselles, *épile* complaisamment les cheveux qui commencent à blanchir? Ajoutez que madame Saint-Ginet promet « d'entrer dans de plus grands détails avec les personnes qui l'honoreront de la confiance que mérite une mère de famille honnête. » Cette promesse excite une telle curiosité, que tous ceux qui ont quelques cheveux blancs invoquent la main officieuse de madame Saint-Ginet et de ses demoiselles.

Je hais toute exagération ; je n'aime point que Boileau nous dise :

Un sonnet sans défaut vaut seul un long poëme.

C'est faire trop de cas du sonnet. Mais si Boileau eût dit qu'une affiche bien faite vaut seule un bon ouvrage, il n'aurait rien avancé que de très-raisonnable. L'affiche, en effet, admet des ornemens de tout genre. Elle s'élève ou s'abaisse avec son sujet. Noble et majestueuse sous la plume de M. Farina, elle est gracieuse et délicate sous la dictée de M. Desmarets, dentiste, inventeur breveté du *nécessaire buccal.* Cet ar-

tiste, après avoir prouvé l'utilité des dents,
utilité qui paraît aujourd'hui bien sentie par
tous les bons esprits, s'attache à faire valoir
leurs agrémens.

« Une belle bouche, dit-il, est une rose qui
» commence à s'épanouir ; elle est d'une beauté
» achevée si, en l'ouvrant, on aperçoit de belles
» dents. Ces petits os font un effet merveilleux
» quand ils sont blancs, unis et bien rangés. La
» bouche est le principal siége des grâces. »

Vous avouerez que si Demoustier vivait encore, il n'aurait rien de mieux à faire que de se
pendre. Certes, de si belles choses méritent
d'être conservées. Aussi l'artiste les a mises sous
verre, place de Grève, où il a élu domicile.

Les censeurs moroses qui se plaignent de la
décadence des lettres, devraient au moins convenir que l'affiche est loin d'avoir dégénéré.
Est-ce au dix-septième siècle, qu'on ne cesse
de vanter, que de simples décrotteurs disaient au
public :

O vous ! qui redoutez les taches et la crotte,
Amateurs de journaux, de propreté, de vers,
Entrez ici ; lisez : souffrez qu'on vous décrotte,
Et livrez à nos soins la botte et le revers.

Qu'en pensez-vous? Si ces vers appartenaient à quelque poète de coterie, ne seraient-ils pas portés aux nues? Bonne facture, dirait-on; point de manière, point de mauvais goût, aucune trace de l'école moderne; une richesse de rime, trop négligée par Voltaire; et cette fois la louange serait méritée. Soyons donc fiers de vivre à une époque où le langage des dieux est devenu celui des décrotteurs.

C'est un fait incontestable, la poésie court les rues; et les plus mauvais vers ne sont pas ceux qu'on lit sur les affiches. N'est-il pas charmant, le quatrain d'un marchand de briques de la rue Copeau? J'en ai retenu le dernier vers:

A tous venans le *cœur* vend des *carreaux*.

Placez ce trait ingénieux à la fin d'un couplet, faites chanter ce couplet quelque part, on va crier *bis* de tous les coins de la salle. Avec autant d'esprit, vendre des briques dans le faubourg Saint-Marceau! Que voulez-vous? Les talens ne sont pas à leur place.

Les lecteurs frivoles ne voient dans les affiches qu'un objet de pur amusement. L'observateur réfléchi y voit toute autre chose. Il y apprend à connaître l'esprit de son siècle, connaissance que bien des livres ne peuvent lui donner. Ces maudits philosophes! Dieu veuille avoir leurs ames! ils m'ont fait une belle peur! J'ai craint long-tems qu'à force d'attaquer les préjugés et les erreurs populaires, ils ne vinssent à bout de les détruire. J'ai vu le moment où ils allaient rendre le peuple raisonnable. Mais la lecture des affiches a dissipé mes craintes ; je dors tranquille depuis que j'ai trouvé sur tous les murs : le *Véritable art de tirer les cartes ; l'Egyptien*, ou *l'Art d'expliquer les songes*, etc. Ces excellens ouvrages doivent nous préserver long-tems des ravages de la raison ; car il y a mille ans de distance entre la raison et l'art de tirer les cartes.

Philosophes, mes bons amis, il faut prendre votre parti et rire de ces vieilles erreurs ; elles sont assez amusantes. « Avez-vous rêvé coucou ? l'Egyptien vous dit que c'est l'annonce d'un très-grand bonheur. » Profitez donc bien vite de cette bonne fortune ; « prenez à la loterie les numéros 27 et 3o, deux autres avec, et ne doutez pas qu'ils ne sortent au prochain tirage. »

Qui croit toutes ces sottises? me direz-vous. Le peuple ; oui, le peuple de tous les étages, celui des salons comme celui des greniers. C'est ainsi que la lecture des affiches nous apprend à connaître l'homme, ses passions, ses erreurs et ses préjugés.

Aimez donc ces écrits, mais d'un amour sincère :
C'est avoir profité que de savoir s'y plaire.

— N° XVIII. —

LES DEUX GRIMACIERS.

—

> La différence d'un homme qui se revêt d'un carac-
> tère étranger à lui-même, quand il rentre dans le
> sien, est celle d'un masque à un visage.
>
> La Bruyère, *de l'Homme.*

Il fut un tems où nous nous comparions aux Romains, parce que nous avions pris leur manière de se coiffer. Aujourd'hui, si nous voulions en croire quelques bonnes gens, Paris serait un nouvel Athènes. Pourtant je trouve encore une petite différence entre un Parisien et un Athénien. C'était sous le plus beau ciel et en plein air que les Athéniens jouissaient des chefs-d'œuvre de leurs artistes et des méditations sublimes de leurs philosophes ; c'était dans les bosquets d'Académe que les sages dictaient les leçons de la morale la plus saine à un concours nombreux d'auditeurs. Chez nous, au contraire, voulez-vous seulement assister à la séance publique de l'académie ? en attendant qu'il vous soit permis d'être étouffé dans une salle très-étroite, vous serez obligé de vous morfondre pendant deux heures à la porte : ce qui faisait dire l'autre jour à un amateur impatient : « Je m'ennuie déjà tout autant que si j'étais entré. »

Moi, j'aime les spectacles en plein vent ; il n'en échappe pas un seul à ma curiosité. Toutes les diseuses de bonne aventure me connaissent bien ; quand je les rencontre, je vais aussitôt me placer au bout de leurs cornets prophétiques. Les joueurs de gobelets, les faiseurs de tours m'aperçoivent-ils dans la foule qui les environne, ils me saluent fort poliment. « Faites place à Monsieur, disent-ils, il a loué une loge à l'année. » On me prend pour leur compère, on se moque de moi, on me montre au doigt, mais je n'y fais point attention ; il faut encourager les talens. Voilà pourquoi je crie toujours *bravo* quand un paillasse des rues tombe sur le nez sans le vouloir, ou quand le directeur de la troupe des chiens qui dansent corrige un acteur paresseux ; car il n'est pas permis à ces messieurs de feindre une indisposition : aussi l'affiche de leur spectacle n'est-elle jamais changée. Mais ma grande passion cé sont les deux grimaciers.

Tout le monde ne sait peut-être pas, qu'en dépit des détracteurs de notre siècle, l'art de la grimace s'est élevé dans ces derniers tems au plus haut degré de splendeur, et que cette capitale a le bonheur de posséder deux artistes qui ont atteint le *nec plus ultrà* de la contorsion du visage. Je le sais, moi, parce que j'ai le bon esprit de ne point passer un seul jour sans admirer leurs talens. Souvent, dans la même matinée, j'assiste à plusieurs représentations. L'une est-elle finie, j'accompagne l'acteur, et je forme le noyau de la nouvelle assemblée qui est convoquée dans la rue voisine. Ce qui me charme surtout dans ces deux artistes, c'est la bonne intelligence dans laquelle ils vivent. Je connais les savans et les poètes ; je les ai vu se haïr, se décrier, quelquefois se mordre en s'embrassant, se déchirer en se caressant. Nos deux grimaciers, au contraire, sont rivaux sans être jaloux. Comment, me direz-vous, deux hommes d'un talent aussi distingué et presque égal peuvent-ils être unis? c'est que chacun d'eux a un genre différent dans lequel il sait se renfermer. L'un, le grimacier de Tivoli, portant perruque blanche, jouant de la trompette et du violon, a le département des grimaces bouffonnes; c'est le genre plaisant. L'autre, portant une vessie au bout d'un bâton, excelle dans les grimaces terribles; c'est le genre sombre, le mélodrame de la grimace. Une folie plus aimable, une gaieté plus française animent les contorsions du premier; celles du second ont quelque chose de plus mordant et de plus caustique. L'un se rapproche de la comédie, l'autre de la satire; aussi tient-il une vessie, l'un des attributs des satiriques. Plus jeune, d'ailleurs, et porteur d'une assez belle figure, il doit plaire davantage aux femmes qui ont besoin d'émotions fortes. Mais son vieux rival, qui désopile la rate, et ne serre jamais le cœur, aura toujours pour lui les amateurs de la bonne gaieté de nos pères, et les partisans de la grimace tempérée. C'est à ce titre, et peut-être aussi parce qu'il est Français, car j'aime la gloire de mon pays, que je le préfère. Enfin, voilà trente ans qu'il fait la grimace à Paris ; c'est donc pour moi une vieille admiration.

Comme je conduis volontiers tous mes amis à son spectacle, j'y menai, lundi dernier, une dame de ma connaissance, qui avait autrefois un grand état de maison, parce qu'elle était riche, jolie et d'un abord encourageant. Le Préville de la grimace tenait alors ses assises sur la place des Quatre-Nations, à la porte de l'Institut. Déjà il embouchait sa trompette, et mettait sur son drôle de nez cette énorme paire de lunettes que vous connaissez, et qui a presque autant d'envergure que les ailes de M. Deghen. Nous arrivons, ma dame et moi ; nous prenons un billet de premières loges ; je veux dire les premières places dans le rond qui commençait à se former. Nous étions là une trentaine d'Athéniens disposés à nous réjouir sous la voûte des cieux. Après quelques lazzi préparatoires, espèce de prologue à la manière des anciens, et qui donnèrent le tems à chaque spectateur de jeter sans façon au milieu du cercle et sur le pavé le prix du plaisir qu'il allait goûter, le spectacle commença. *La Bourbonnaise* est vieille comme les rues, aussi je n'en attendais pas un grand effet sur l'esprit de ma voisine, qui n'aime que les couplets où l'on trouve un zéphire et deux roses. Mais je l'attendais aux grimaces, à cette expression grotesque de l'effroi, de la surprise, de la tristesse, de la sotte gaieté, enfin de tous ces mouvemens de l'ame qui se peignent sur le visage, comme on voit relevés en bosse sur nos crânes toutes les dispositions que nous apportons en naissant. J'admirais, peut-être pour la millième fois, ce jeu inconcevable de la physionomie, cette mobilité de traits à l'aide de laquelle plusieurs figures semblaient passer sous mes yeux comme au travers d'une lanterne magique. Soit que l'auguste voisinage du sanctuaire des beaux-arts excitât en lui une noble émulation, soit qu'il eût, ce jour-là, déjeuné à sa fantaisie, mon grimacier se surpassa. Eh bien! le croiriez-vous? ma dame restait froide et insensible; elle souriait dédaigneusement; je la regardais avec surprise. « Donnez-moi le bras jusque chez moi, me dit-elle, nous causerons plus à notre aise. » Comme elle demeure à deux pas de là, rue Mazarine, nous fûmes bientôt arrivés.

« Voulez-vous savoir, Monsieur, pourquoi je ne partage pas votre admiration pour ce grimacier? c'est que je suis du métier. — Vous, Madame, vous faites des grimaces? — Plus, maintenant, mes cinquante ans y ont mis bon ordre ; mais autrefois j'en ai fait de fort belles qui ont servi de modèles à toutes les dames de la cour. — Je vous entends, Madame, vous faisiez des mines. — Mines ou grimaces, c'est un mot pour un autre ; la chose est la même. Quoi qu'il en soit, j'avais entendu dire que Mlle Clairon avait étudié l'anatomie, et qu'elle s'était surtout appliquée à connaître l'action des muscles du visage, afin d'ajouter encore à son jeu si artificiellement tragique ; je pris son maître, et fis des progrès si rapides, qu'auprès de moi, Mlle Clairon ne fut qu'une écolière. Diverses circonstances de ma vie m'ont fourni l'occasion d'exercer mes talens. Le mari d'une de mes amies fut pourvu d'une charge à la cour que j'avais recherchée pour le mien. La rage était dans mon cœur, et cependant j'allai à Versailles faire mon compliment à cette femme que j'aurais volontiers étranglée. Voici comment je l'abordai : observez bien tous mes mouvemens. (Ici, *les bras tendus, démonstration de la gaieté la plus franche et la plus expansive, caresses les plus vives, expressions pleines de tendresse ;* ma bonne amie, mon cœur, etc., etc.) Cette grimace, Monsieur, commença ma réputation. — Ah ! Madame, elle aurait suffi pour l'achever. — Vous n'avez rien vu. On vous a parlé de M. de B., fermier-général ; il venait souvent chez moi. Je ne sais quelle impression je fis sur lui ; mais, tout à coup, il se prit d'une amitié si vive pour mon mari, qu'il lui obtint une fort belle place à deux cents lieues d'ici, et lui fit entendre qu'il con-venait que je restasse à Paris pour solliciter de nouvelles faveurs de la cour. J'estimais beaucoup mon mari ; vous pouvez juger combien notre sé-paration fut douloureuse ; je le serrais amoureu-sement dans mes bras, je pleurais à chaudes larmes. Suivez-moi, Monsieur, je vous prie. (Ici, *des soupirs, des sanglots, pâleur, tremble-ment, agitation des lèvres, évanouissement.*)

» Eh bien ! Monsieur, que pensez-vous de cette grimace ? elle a fait assez de bruit dans les so-ciétés ; et, dernièrement encore, on la citait dans un cercle fort brillant. Je passe sur une foule de circonstances où mon talent parut tou-jours avec la même supériorité. Je ne vous dirai donc pas de quel air je reçus les déclarations qui me furent faites à cette époque : mon visage changeait suivant la condition des personnes qui m'adressaient leurs vœux, et il changeait bien souvent. Le président n'était pas accueilli comme le grand seigneur, ni le receveur des finances comme le colonel. Tous cependant étaient enchantés de mes procédés. Ah ! Monsieur, il est bien pénible pour une femme sensible, et qu'on a la bonté de trouver jolie, de vivre à deux cents lieues de son mari. Mais brisons là-dessus. Je veux bien vous laisser encore un peu d'estime pour votre grimacier. — De grâce, Madame, ne m'accablez pas ; vous seule méritez toute mon admiration. — Que serait-ce donc si vous m'aviez vue en habit de veuve, prenant tous les matins un visage que je gardais toute la journée, même au boudoir, et que je ne quittais que le soir, avec le crêpe et la laine ! Que serait-ce si vous aviez vu cette gradation successive de la tristesse au demi-deuil et à chaque changement de robe que l'usage exigeait ! — Madame, oserai-je vous demander comment vous peignîtes la douleur que vous avez sincèrement éprouvée en apprenant la mort de monsieur votre mari ? — On m'attendait là ; ce fut mon triomphe. Je crois vous avoir dit que, faute de mieux, mon mari avait toute mon estime. D'ailleurs un malheur ne vient jamais seul. Le colonel avait été obligé de partir pour sa garnison........; mais je ne puis vous rendre aujourd'hui l'impression que fit sur moi un événement si terrible...... Mon mari était un homme essentiel, un homme.......; le colonel ne m'écrivait pas. Tout cela s'est passé, Monsieur, il y a plus de vingt-cinq ans. Le sentiment de ma perte est moins vif; le tems adoucit les douleurs les plus violentes. Cependant, puisque vous l'exigez, voici à peu près...... — Admirable! Madame, admirable! je tombe à vos genoux. — Monsieur, vous avez cinquante ans, j'en ai cinquante. Le tems des bonnes grimaces est passé pour tous les deux.

Je me retirai, absorbé dans les réflexions que faisait naître en moi un talent si prodigieux. En rentrant chez moi, j'ouvris les œuvres de Chamfort, et je tombai sur ce passage * : « Notre » siècle a vu huit grandes comédiennes; quatre » du théâtre, et quatre de la société. Les quatre » premières sont mesdemoiselles Dangeville,

* Tom. II, pag. 105, édit. publiée par M. Maradan.

» Dumesnil, Clairon, et madame Saint-Huberti.
» Les quatre autres sont...... » Ce vaurien de
Chamfort les a nommées, et je voudrais bien....
les mains me démangent ; mais non, je serai discret. Il suffit d'ailleurs qu'on sache où cela se
trouve : le diable n'y perdra rien.

— N° XIX. —

LE CIMETIÈRE DES INNOCENS,

ET LES CATACOMBES DE PARIS.

—

Pallida mors æquo pulsat pule pauperum tabernas Regumque turres.

HORACE, liv I, *Ode IV*.

La pâle mort frappe également aux cabanes des pauvres et aux palais des rois.

CHAQUE âge a ses plaisirs. Dans ma jeunesse je raffolais des enterremens. Logé près du cimetière des Innocens, je me plaçais le matin à ma fenêtre en sentinelle, et, du plus loin que j'apercevais un convoi, je descendais dans la rue et m'empressais de joindre la famille du défunt. Mon costume était convenable à la circonstance ; toute l'année je gardais les pleureuses. La cérémonie terminée, après avoir reçu les remercîmens de toute la parenté, je retournais bien vite à mon poste pour y guetter le nouveau convoi qui devait bientôt arriver. Je dois faire ici un aveu qui coûte à ma vanité. Mon intérêt se trouvait d'accord avec mes inclinations. Pour le désespoir de beaucoup d'honnêtes gens, l'usage veut que l'on dîne à Paris comme ailleurs, et j'étais bien assuré qu'un des héritiers, soit qu'il me prît pour quelque ami inconnu du défunt, soit qu'il fût seulement touché de mon bon procédé, m'inviterait à passer chez lui dans la journée. De mémoire de fossoyeur, cette invitation ne m'avait jamais manqué. Aussi le bedeau de la paroisse (là les bedeaux sont malins et tiennent ce que promet leur physionomie) m'appelait le cousin de tous les morts. Le sobriquet m'en est resté. Vous devinez maintenant que c'est mon histoire, un peu travestie, qui a fourni à l'un de nos comiques les plus spirituels le sujet d'une pièce fort agréable. Il a substitué, je ne sais trop pourquoi, une noce à un enterrement. Croirait-il que l'une est plus gaie que l'autre? Soit. Il ne faut pas disputer des goûts. Mais les noces seraient bien plus gaies, si elles se faisaient sans mariage.

Mon bonheur fût bientôt troublé. Deux ou trois ans avant la révolution, quelques bonnes têtes s'imaginèrent que le cimetière des Innocens nuisait à la salubrité publique. J'avais peine à concevoir comment ce qui me faisait vivre agréablement pouvait nuire à mes voisins ; mais les médecins, qui devraient bénir la contagion, furent assez imprudens pour entrer dans les vues du magistrat, et l'exhumation fut ordonnée. Je jetai les hauts cris ; je remuai le ciel et la terre pour la conservation d'un cimetière auquel je tenais par des liens si étroits. On est bien fort quand on combat pour son tournebroche, *pro focis.* « Il est odieux, disais-je, de violer ainsi les tombeaux, de troubler les cendres de nos pères, et d'exposer leurs ossemens à d'indécentes profanations. » Les esprits commençaient à s'échauffer, et j'allais peut-être faire une petite journée de barricades, lorsqu'un exempt de police, qui me voulait du bien, eut la bonté de m'arrêter et de me conduire, sous bonne et sûre escorte, à la Bastille. Je fus traité avec beaucoup d'égards dans ce château royal. Sa Majesté se chargeait d'y défrayer ma table et poussait même la complaisance jusqu'à payer la garde qui veillait à ma sûreté. En vérité, on a bien calomnié cette bonne Bastille.

J'en sortis un an après y être entré. Tout était bien changé. Paris me semblait d'une tristesse horrible depuis que le cimetière qui en faisait le plus bel ornement avait disparu. J'eus beaucoup à souffrir dans les premiers mois ; en vain, pour me distraire, je courais les spectacles, les bals, etc.: ces frivoles amusemens ne pouvaient me tenir lieu de celui que j'avais perdu. Depuis que les enterremens me manquaient, je n'avais goût à rien. Mais on a bien raison de dire que le tems est un bon consolateur : peu à peu il adoucit mes regrets. J'avais, d'ailleurs, trouvé une autre manière de dîner en ville, sans avoir rien à démêler avec ces coquins de restaurateurs qui craignent de faire crédit à ceux dont ils sont bien sûrs de n'être jamais payés. Enfin, je ne songeais plus à mes nombreux parens, à mes funèbres Amphytrions du cimetière des Innocens, lorsqu'une brochure très-intéressante, publiée par M. Héricard de Thury, m'apprit qu'on pou-

---

* Depuis on en a fait une place de marché, où l'on remarque une fontaine due au célèbre sculpteur Jean Gougeon.

vait les voir, tous les jours de la semaine, dans les catacombes où ils avait été déposés, au sud de Paris, entre la barrière d'Enfer et celle de Saint-Jacques. Je formai aussitôt la résolution de rendre visite à ces anciens et bons amis; mais, afin de leur causer une surprise plus agréable, je remis la partie au jour de leur fête, qui, comme on l'a peut-être oublié, tombe le 2 novembre.

Ceux qui désirent des détails exacts et circonstanciés sur les catacombes de Paris, feront très-bien, ou de les visiter, ou de lire l'ouvrage de M. Héricart de Thury; je ne puis que retracer ici les sombres réflexions que mon triste voyage m'a suggérées. Je parcourais ces vastes souterrains où la mort a entassé ses sujets par millions, lorsque cette inscription : *Néant, vaines grandeurs*, s'offrit à mes regards. Jamais leçon ne fut donnée plus à propos. Dans nos cimetières, l'égalité n'est point encore parfaite ; la cendre a aussi son orgueil : la vanité survit à l'existence. Chacun tient son rang : le riche n'est point confondu avec les pauvres ; l'opulence achète le droit de pourrir à part. Ce n'est pas tout : un peu de terre suffirait, on veut un mau-

solée ; on cache le néant sous le faste des inscriptions, et la poésie, trop souvent aux gages
dés heureux du siècle, vient encore flatter leur
poussière, comme si elle pouvait se convertir en
or, pour payer le mensonge.

Les catacombes offrent un spectacle bien différent. Là, plus de monumens, plus d'épita-
phes, plus de brillantes impostures ; le néant y
est à nu ; on n'y voit que des ossemens, et l'orgueil humain ne pourrait y reconnaître les siens ;
tous sont confondus. L'étiquette est bannie de
ces immenses magasins de la mortalité. Le hasard, seul maître des cérémonies de ce lugubre
empire, a fixé les rangs. Il faut donc s'attendre
aux rapprochemens les plus bizarres. Le savetier
est au dessus de son seigneur ; Ramponneau et
le fermier général sont nez à nez ; et, ô scandale ! la femme d'un échevin est placée fort au
dessous de sa cuisinière. *Néant, vaines grandeurs*, l'inscription est juste, puisqu'ici l'éche-
vinage même a perdu ses priviléges. Qui sait
si dans ce désordre, et par un de ces jeux si fa-
miliers au hasard, on ne trouverait pas un illustre capitaine auprès d'un bedeau de Saint-

Merry, un grand acteur près d'un paillasse de nos boulevarts, enfin une demoiselle de l'Opéra à côté d'un frère quêteur des Capucins? *O néant! ô vaines grandeurs!* que ne peut-on pas se figurer quand on voit réunis les ennemis les plus acharnés, ces éternels disputeurs qui ferraillaient, les uns pour Molina, les autres pour Jansénius, et passaient toute leur vie à se quereller sans cesse, à se damner pour la grâce, sans vouloir jamais s'entendre? Disputez-vous donc, mes bons amis; il fallait cela pour vous forcer à vous taire et à vous réconcilier.

Il serait cependant assez agréable de connaître les principaux habitans de ces tristes demeures. Venez, docteur en crânologie, venez et dites-moi de qui sont les crânes qui forment les corniches de ces murailles d'ossemens. Voici, dites-vous, celui d'une pieuse récluse, d'une vestale chrétienne qui veilla, toute sa vie, à la conservation du feu sacré. Vous y découvrez la protubérance de la chasteté. C'est, en effet, la chaste Ninon, dont la vertu a laissé un si aimable souvenir, et qui, pour la conserver plus pure et plus intacte, et pour la sauver des dangers dont le monde la menaçait, demandait à se retirer au couvent des grands cordeliers. Ne poussons pas cet examen plus loin ; nous pourrions bientôt nous méprendre au point de trouver un poète dans Pradon, un orateur dans l'abbé Cottin, un philosophe dans Poinsinet. Qu'il nous suffise de savoir que le hasard a rassemblé et rapproché ici tous les extrêmes, la puissance et la faiblesse, l'opulence et l'extrême pauvreté, la laideur et la beauté, la pudeur et la débauche, le génie et la stupidité. Aucun signe extérieur ne peut les distinguer. La confusion est l'ordre que la mort a voulu établir dans son empire : voilà comme elle nous instruit, comme elle nous apprend que le monde n'est qu'un vaste théâtre où tous les hommes viennent successivement jouer le rôle qui leur a été assigné, et se faire applaudir ou siffler. Quand la toile baisse, les acteurs se dés-habillent. L'un quitte la pourpre, l'autre les haillons de la misère ; le docteur sa fourrure, l'avocat sa robe, le président sa simarre. Le drame est terminé : bonsoir, la compagnie.

C'est dans les catacombes de Paris que j'ai-merais à placer la chaire de Bossuet, pourvu toutefois qu'il voulût bien y monter lui-même et ne pas céder sa place aux orateurs modernes. Il me semble que son talent, déjà si grand près d'un tombeau, qui donnait à la mort un langage si énergique et foudroyait avec tant d'empire toutes les vanités humaines, s'agrandirait encore au milieu des débris de tant de générations. Bientôt s'élançant dans l'avenir et traversant les siècles comme des instans, il rendrait la vie à la mort, passerait du repos au réveil *, et peindrait ce jour terrible qui doit rendre tous les hommes contemporains. Doutez-vous de l'effet que produirait ce tableau sur des auditeurs dont tout servirait ici à enflammer l'imagination et à saisir les cœurs d'un effroi religieux ? Chacun ne croirait-il point voir ces ossemens se ranimer et se mouvoir pour répondre à l'appel d'une voix éloquente ? Alors que d'heureux résultats ! que de conversions subites ! Dorilas serait moins enorgueilli du succès équivoque de son poëme ; M. G***, plus modeste, se contenterait de deux ou trois indigestions par semaine ; le jour-

* *Qui dormiunt in terræ pulvere evigilabunt.*

naliste adoucirait l'amertume de sa critique, et toute femme sensible remettrait au lendemain matin le rendez-vous qu'elle aurait fixé pour le soir. Mais, pour opérer aujourd'hui ces grands prodiges, il faudrait un Bossuet et des catacombes. Nous avons déjà les catacombes.

En quittant ce triste séjour, je fus un peu scandalisé de trouver une guinguette dans les environs. Le lundi est un second dimanche pour un très-grand nombre de Parisiens. Ces bons vivans riaient, chantaient et buvaient sans songer aux morts qui étaient si près d'eux. Je m'approche, je les invite doucement à modérer l'excès d'une joie trop bruyante, à tremper leur vin, et surtout à renvoyer le racleur dont les sons discordans troublaient la paix profonde des catacombes. « Malheureux! leur dis-je, dans quelques jours peut-être on dansera sur vous comme vous dansez sur vos ancêtres. » J'allais continuer, lorsque le maître du logis me prit par le bras et me défendit de philosopher davantage, parce que, si la philosophie venait jamais à faire des progrès dans son cabaret, il vendrait beaucoup moins de son vin frelaté, et ne pourrait plus faire passer ses chats pour des lapins de garenne. Je sentis toute la force de cet argument, et je rentrai dans Paris après avoir dit un dernier adieu à mes bons amis du cimetière des Innocens, que je venais de retrouver dans les catacombes.

LE PARISIEN,

BON COEUR, TÊTE LÉGÈRE.

—

Et parmi les esprits plus polis et meilleurs,
Il y croît des badauts, autant et plus qu'ailleurs.
CORNEILLE, *le Menteur.*

ADMIREZ, tant qu'il vous plaira, la naïveté et
le naturel de Sterne, sa douce philosophie et la
richesse de son imagination, je ne lui conteste
pas ces heureuses qualités ; mais j'avoue qu'une
partie de leur charme est perdue pour moi, et c'est
un peu la faute de l'auteur. Le trait d'insensibi-
lité par lequel débute ce voyageur sentimental
en arrivant à Calais, laisse dans l'ame, qu'il at-
triste, une impression que les détails les plus
agréables ne peuvent effacer entièrement. Vous

devinez que je vais parler du moine franciscain. Eh! mon Dieu, oui, c'est de lui-même : il est toujours devant moi quand je lis le *Voyage sentimental;* je le vois s'avancer vers M. Yorick avec « cette figure pâle et douce que le Guide se serait » plu à peindre, ces yeux qui se baissaient mo- » destement vers la terre, et semblaient cepen- » dant aspirer à quelque chose au delà de ce » monde. » Je l'entends encore ; il sollicite, avec une humble timidité, la plus légère aumône pour son couvent, qui éprouve les besoins les plus pressans, et il est refusé avec une dureté qui fait saigner le cœur. Un refus ne suffit pas : le voyageur sentimental insulte encore au malheur, et reproche, dans les termes les plus offensans, au pauvre père Lorenzo la paresse et la fainéantise des religieux de son ordre ; et ces reproches, que la circonstance rend si cruels, qui se les permet ? c'est, il faut bien le dire, un gros prébendier de la cathédrale d'York, possesseur d'autres bénéfices, et qui, veillant à bien dîner, laissait à des prêtres qu'il gageait mesquinement le soin de louer Dieu. Je suis bien sûr que le bon vicaire Wakefield se serait mieux conduit dans une pareille occasion. Il est vrai que Sterne a senti sa faute et cherché à la réparer ; mais son premier mouvement est odieux ; je ne puis le lui pardonner.

Le même voyageur se moque de notre légèreté ; il a peut-être raison : de nos ridicules, il n'a peut-être pas tort. Nous serons de bonne foi sur cet article. Puisque nos travers l'ont amusé, nous en rirons volontiers avec lui, pouvu toutefois qu'il ne nous force pas de nous en corriger, car cela passerait les bornes d'une innocente plaisanterie. Mais examinons un instant si des avantages très-réels ne doivent pas faire pardonner aux Parisiens les petits défauts qu'on leur reproche. Je ne parlerai point de cette grâce dont ils offrent encore le modèle, quoique les nuances en soient un peu affaiblies, ni de cette politesse qui assure toujours à l'étranger un accueil obligeant, qu'il reconnaît quelquefois assez mal. C'est sous d'autres traits que je veux les peindre, avec d'autres armes que je veux les venger de l'injustice qui les dénigre et qui calomnie leur caractère. Ils sont bons, sensibles et généreux. Jamais ils n'entendent sans émotion le récit d'une action noble et touchante. C'est d'eux surtout qu'on peut dire : ils sont hommes, et rien de ce qui intéresse l'humanité ne leur est étranger. Enfin, plus que tout autre peuple, ils accordent de la pitié et des larmes au malheur.

Si, frappés du spectacle affligeant que présente l'extrême misère placée vous vos yeux, à côté de l'extrême opulence, vous demandez comment tant de maux inévitables peuvent être connus et adoucis, vous ne trouverez la solution de ce problème que dans la bienfaisance de vos compatriotes ; elle lutte sans cesse contre le malheur. Plus il est grand, plus elle est active et ingénieuse ; plus il résiste, plus elle redouble d'efforts pour en triompher. Sans elle, l'abîme de la misère ne serait jamais comblé. Ces établissemens, où le pauvre trouve un asile et des secours, offrent sans doute de très-grands avantages ; mais, si sagement qu'ils soient administrés, ils sont encore insuffisans. La bienfaisance des particuliers seconde les vues et achève l'ouvrage du gouvernement. Il est d'ailleurs des maux cachés, c'est elle qui les découvre : ingénieuse et délicate dans les moyens qu'elle emploie, elle soulage l'homme laborieux qu'un malheur inattendu vient de frapper, et qui craint moins de souffrir que de se dégrader. La bienfaisance, qui aime aussi le mystère, applaudit à cette aimable fierté, à cette noble émulation de l'ame, et le bienfait reste alors aussi ignoré que l'infortune.

On ne sait point, on ne saura jamais combien de malheureux la bienfaisance soulage et console dans le secret, combien elle ferme de plaies, combien elle sèche de pleurs. Par elle encore beaucoup de désordres sont prévenus : la justice les punit, la bienfaisance les empêche de naître. Est-il une magistrature plus respectable ? Dans un tableau qui honore le talent de l'artiste, vous voyez la Vengeance saisissant le coupable, pour lui faire subir la peine due à ses crimes. Voici le sujet d'un tableau plus touchant : c'est la Bienfaisance, qui, une bourse à la main, désarme un furieux que la misère pousse au désespoir, et qui, pour subvenir à ses besoins, va commettre une action criminelle. Puisque cette vertu auxiliaire des lois épargne à la société une partie des dangers qu'entraîne à sa suite l'énorme disproportion des fortunes, quelle reconnaissance ne devons-nous pas à tous ceux pour qui elle est devenue la plus douce, comme la plus constante des habitudes!

Rendons surtout hommage à la sensibilité d'un sexe qui doit ici nous servir d'exemple. Ce que les femmes font dans ce genre tient du prodige. Il en est plusieurs à Paris qui regardent comme une bonne fortune l'occasion d'un bienfait. Je ne serai point assez indiscret pour soulever le voile dont elles aiment à se couvrir. Cependant à quel signe extérieur pourrez-vous les reconnaître? Rien n'annonce leur opulence, leur mise est simple; on ne les voit dans aucune réunion brillante. Les pauvres, voilà leurs seuls ornemens; un malheur à réparer, une infortune à soulager, voilà leurs fêtes, leurs plaisirs.

D'autres sont presque sans fortune; elles ne jouissent que du bien qu'elles ont fait, et, suivant une belle pensée de Martial, il ne leur reste plus que ce qu'elles ont donné; mais elles savent émouvoir le riche. Le sentiment qui les anime donne à leur langage la force de la persuasion, et l'avare lui-même, en les écoutant, délie, sans murmurer, les cordons de sa bourse. Fières alors de leur triomphe, elles s'empressent de monter aux étages les plus élevés, et de déposer sur le grabat d'un malheureux le tribut de la bienfaisance.

Je ne pourrais , sans injustice , passer sous silence ces filles respectables que la charité a placées auprès du malheur pour l'adoucir. Le pauvre souffre ; *la Sœur* accourt aussitôt , et sa seule présence est déjà un grand bien. Elle avertit celui qu'elle visite qu'il est encore des cœurs sensibles aux maux de l'humanité. Le pauvre espère ; il souffre moins. L'apparition d'un être qui compatit à ses peines, relève une ame abattue par l'infortune. La confiance qui brille sur le front de la messagère de la Providence, se communique par une douce contagion à tout ce qui l'entoure ; bientôt des secours se joignent aux consolations. C'est un bouillon ; c'est un médicament dont la sœur connaît l'efficacité ; c'est une petite provision de bois. L'hiver est toujours rude ; le bois est toujours cher pour le pauvre. La sœur s'en va. Elle reviendra le soir, elle reviendra le lendemain, aussi long-tems enfin qu'elle pourra être utile. Mais cette héroïne de la charité disparaît toujours avec les maux dont elle vient d'abréger la durée. D'autres réclament ses soins , ses conseils, ses secours. Suivez-la ;

quelle diligence! Cependant elle est partie de bon matin; mais elle est si pressée d'arriver! on l'attend avec tant d'impatience! elle a tant de bien à faire! et la journée est si courte! Pourtant ne la remerciez point de ses services, ne lui tenez aucun compte d'un si noble dévouement; sa récompense est ailleurs. Un autre s'est chargé d'acquitter la dette de l'humanité.

Le siècle n'est donc point si pervers, puisque les malheureux trouvent encore un si grand nombre de bienfaiteurs. Paris n'est donc pas une ville si corrompue, puisqu'au milieu des plaisirs et de la dissipation, il suffit d'exciter la sensibilité de ses habitans, pour en obtenir de grands sacrifices. Ce qui se passe chaque jour sous nos yeux nous en offre la preuve. On ne peut faire un pas sans voir une main charitable s'ouvrir pour un bienfait. A Dieu ne plaise que je veuille la fermer; mais les meilleurs penchans ont besoin d'être dirigés, et la bienfaisance, pour être utile, doit s'exercer avec discernement. Il ne faut pas que l'imposture puisse, à l'aide d'un récit mensonger et de maux dissimulés, détourner à son profit une aumône qu'elle n'a aucun droit de solliciter. C'est la misère réelle et dont la source est respectable, que le bienfait doit aller trouver. Elle est facile à reconnaître.

L'avez-vous rencontrée cette mère trop féconde, qui conduit dans les rues trois enfans jumeaux, aimable cortége qui ne la quitte jamais? Ces enfans sont bien à elle. Le regard d'une mère ne peut tromper celui qui l'étudie avec attention. Trois enfans nés le même jour! En vérité le ciel n'y a pas songé. Envoyer à la fois trois enfans à une pauvre femme, c'est vouloir l'écraser sous le poids de sa misère. Quel remède à tant de calamités? un seul : la bienfaisance. Cette mère l'a bien prévu; et grâce à cet espoir, qui ne pouvait être trompé, elle ne s'est point soustraite à la plus douce, à la plus sainte des obligations; elle a conservé, elle nourrit le triple fruit de sa fécondité. Une institution respectable a fourni les premiers secours ; le public fera le reste. Trois enfans jumaux qu'allaite le sein maternel! on ne résiste point à ce spectacle : on se pique d'une généreuse émulation. C'est à qui s'approchera de la petite voiture où sont étendus ces trois nouveaux venus que leur mère n'attendait pas le même jour. C'est à qui déposera son offrande dans la boîte destinée à la recevoir ; et

les enfans, par leur sourire, semblent s'applaudir de l'intérêt qu'ils excitent. Encore une fois,
on ne résiste pas à un tel spectacle. Les offran-
des se multiplient. Une pièce d'argent est le don
du riche. Une pièce d'une monnaie grossière est
le tribut du pauvre qui donne moins, sans être
moins généreux, moins compatissant, et qui
adoucit autant qu'il est en lui une infortune plus
grande que la sienne. La mère cependant commence à se féliciter de l'accident qui l'avait d'a-
bord désolée, et d'autres sont jalouses de sa
fécondité, en voyant que parmi nous le malheur
n'est jamais sans appui.

UN MINISTRE

ET UN DE SES PRINCIPAUX AGENS,

DIALOGUE.

—

LE MINISTRE.

Hé bien! mon cher *, que dit-on dans le monde de mon administration?

L'AGENT.

Ce qu'on doit en dire, Monseigneur; la France entière la bénit et l'admire. On ne voit dans l'histoire de notre monarchie que Sully, Colbert et le cardinal de Richelieu à qui il soit permis de vous comparer, et encore beaucoup de juges

---

* Expression favorite de S. Exc.

très-éclairés, je suis du nombre, trouvent-ils que cette comparaison vous fait tort, et que les grands ministres que je viens de nommer ne sont que de très-petits garçons auprès de Votre Excellence. Quant à votre personne, Monseigneur, elle est, j'aurai le courage de vous le dire, elle est universellement adorée. Vos manières engageantes, votre amabilité, subjuguent les cœurs les plus durs; vous n'en pouvez douter, car vous avez reçu dernièrement un témoignage non équivoque du tendre intérêt qu'on vous porte. La naissance de votre fils très-chéri, monseigneur le duc de Libourne, a comblé de joie tous les Français.

LE MINISTRE.

Mon cher, vous mentez.

L'AGENT.

Un peu, Monseigneur; mais n'est-ce donc pas pour mentir que vous nous payez? Votre Excellence n'a-t-elle pas ordonné expressément que tous les rapports.....

LE MINISTRE.

Oui, ceux que je montre..... Mais..... Ecou-

tez. Nous sommes seuls, parlez-moi sans fard.
Le roi n'en saura rien..... La vérité, mon cher,
la vérité.

L'AGENT.

Monseigneur est donc sur le point de nous
quitter?

LE MINISTRE.

Comment l'entendez-vous?

L'AGENT.

C'est qu'un ministre ne demande ordinairement à connaître la vérité que lorsqu'il est à
l'agonie.

LE MINISTRE.

Je me porte bien encore; dites-le de ma part
à ces *ultras;* mais qu'importe? je veux aujour-
d'hui même..... Mettez la main sur la conscience.

L'AGENT.

La conscience, Monseigneur! où cela est-il?
si Votre Excellence voulait me l'apprendre?

LE MINISTRE.

Mais, je crois..... Il me semble..... Je le de-
manderai à P....r, qui doit le savoir; en attendant, ne me cachez rien..... Vous hésitez?

L'AGENT.

On est toujours si mal reçu à dire la vérité, même aux gens qui vous la demandent. Monseigneur a-t-il lu *Gil-Blas?*

LE MINISTRE.

Je n'ai rien lu..... Au fait. Que dit-on de moi?

L'AGENT.

Monseigneur va se fâcher.

LE MINISTRE.

Non ; je puis tout entendre. Parlez.

L'AGENT.

Vous le voulez absolument. On dit, Monseigneur, que vous ne faites que des sottises ; on dit que vous n'êtes qu'un écolier en administration et en politique, et que vous ne savez pas mieux administrer et gouverner que monter à cheval ; on dit.....

LE MINISTRE.

Arrêtez, insolent ; c'est vous qui osez..... vous !

L'AGENT.

Je l'avais bien dit que Votre Excellence se fâcherait ; mais n'a-t-elle pas exigé.....

LE MINISTRE.

J'ai tort ; continuez. Je ne suis donc ni un Sully, ni un Colbert, ni un Richelieu ?

L'AGENT.

Brrrr.... On vous place même au dessous de M. de Rovigo ; et pourtant ce n'était pas un aigle que ce M. de Rovigo ; mais apparemment qu'il était mieux conseillé.

LE MINISTRE.

Ce sont ces *ultras*, sans doute, qui me traitent ainsi....? Au reste, je m'en soucie peu : mon parti est pris, je vais marcher avec les libéraux.

L'AGENT.

Foit bien ; mais les libéraux ne marcheront pas avec Votre Excellence.

LE MINISTRE.

Vous ne savez donc pas, mon cher, ce qui se passe ? Leurs journaux me ménagent ; je ne parle pas du *Censeur*, qui est un brutal ; mais *le Constitutionnel* ne me traite pas toujours avec rigueur, et dernièrement *la Renommée* me faisait les yeux doux.

L'AGENT.

Ne vous y fiez pas, Monseigneur; ces gens-
là sont plus fins que vous. Ils attendent encore
quelques concessions, et quand ils les auront
obtenues.....

LE MINISTRE.

Que feront-ils?

L'AGENT.

Rien autre chose, Monseigneur, que de vous
prendre par les épaules et de vous mettre à la
porte; à moins que Votre Excellence n'aime
mieux sauter par la croisée.

LE MINISTRE.

En êtes-vous bien sûr?

L'AGENT.

Comme si je le voyais. N'oubliez pas, Monseigneur, que vous avez quelquefois fait sem-
blant d'être royaliste.

LE MINISTRE.

Il le fallait bien; ma position l'exigeait.

L'AGENT.

Personne, vraiment, ne sait cela mieux que

moi. Mais les libéraux ne vous le pardonneront jamais ; prenez-y garde, Monseigneur, ils vous chasseront.

LE MINISTRE.

Ils me chasseront! A moi, royalistes! à moi, royalistes avant la charte! à moi, royalistes après la charte!

L'AGENT.

Monseigneur rêve-t-il?

LE MINISTRE.

Ils me chasseront!!! J'espère au moins que les doctrinaires me seront fidèles.

L'AGENT.

N'y comptez plus; j'en connais cinq qui vous ont abandonné la semaine dernière. Or, qui de neuf ôte cinq, reste quatre. Convenez que vous avez là un appui bien respectable!

LE MINISTRE.

Vous m'étonnez; je croyais que l'opinion ne m'était pas si contraire.

L'AGENT.

La voilà, Monseigneur, telle que vous l'avez faite.

LE MINISTRE.

Elle est vraiment fort aimable. On ne me rend pas justice. Cette exposition des produits de l'industrie est cependant une idée fort heureuse. Qu'en dit-on ?

L'AGENT.

On dit, Monseigneur, que vous l'avez volée, et personne ne vous en tient compte. Voilà un mois et plus que vos salles sont ouvertes ; je vais partout, j'écoute tout, et je n'ai pas encore entendu un seul petit mot à votre éloge ; pas une seule réflexion obligeante. Enfin, Monseigneur, passez-moi cette expression, qui est un peu triviale, mais que la circonstance excuse, Votre Excellence détalera sans avoir étrenné. Cela est triste, et d'autant plus triste, que vous aviez fondé de brillantes espérances sur cette exposition : l'époque des élections..... c'était un coup de parti.

LE MINISTRE.

Et, à propos, comment vont les élections?

L'AGENT.

Mal, Monseigneur ; on ne peut pas plus mal.

LE MINISTRE.

Je le sais ; mais je n'en dis rien ; je fais contre fortune bon cœur..... C'est encore la faute de ces *ultras* ; s'ils avaient voulu se réunir à nous, on eût évité certain choix fort étrange.... Quelle honte !

L'AGENT.

Pour qui ?

LE MINISTRE.

Haie ! n'enfoncez pas si fort.

L'AGENT.

Monseigneur, c'est pour votre bien.

LE MINISTRE.

A la bonne heure, mais cela fait mal. Très-décidément, la loi est mauvaise, je m'en aperçois.

L'AGENT.

Déjà, Monseigneur ? Attendez donc les élections prochaines.

LE MINISTRE.

Quoi ! j'irai jusque là ? En ce cas, mon cher, la loi est bonne. Je conviens que le côté gauche va m'embarrasser un peu cet hiver, mais je ferai bonne contenance. J'ai envie de leur parler encore du Capitole et de la roche Tarpéienne. Qu'en pensez-vous?

L'AGENT.

Gardez-vous en bien, Monseigneur ; le ventre lui-même, tout ventre qu'il est, ne pourrait pas s'empêcher d'en rire. Vous avez déjà fait une fois cette mauvaise plaisanterie, et elle ne vous a point réussi. Elle vous réussirait bien moins, aujourd'hui que vous êtes tombé beaucoup plus bas dans l'opinion publique. Point de Capitole ; croyez-moi, point de Capitole ; ne parodions pas les hommes célèbres. Savez-vous bien, Monseigneur, que ce n'était pas un polisson que ce Mirabeau? Je conseille à Votre Excellence d'être modeste, très-modeste. M. de Chauvelin la regarde.

LE MINISTRE.

Peste soit du marquis! il m'a fort tracassé pendant la dernière session. Mais il est malade, et même assez sérieusement.

L'AGENT.

Ce n'est rien, et le docteur Brénet, que vous

connaissez bien, le guérira tout exprès pour vous faire enrager.

LE MINISTRE.

Peste soit du docteur!... Hé bien! mon cher, je suivrai votre conseil; je serai modeste, cela les touchera. Ils me trouveront d'ailleurs fort accommodant cette année; car, je vous le dis en confiance, il faut qu'à tout prix je conserve ma place... Que croyez-vous qu'ils me demandent?

L'AGENT.

D'abord les bannis.

LE MINISTRE.

Ils les auront.

L'AGENT.

De nombreuses destitutions.

LE MINISTRE.

Je destituerai. Combien leur faudra-t-il de préfectures?

L'AGENT.

Toutes.

LE MINISTRE.

C'est beaucoup; mais ils les auront... Combien de ministères?

L'AGENT.

Tous, excepté le vôtre, d'abord.

LE MINISTRE.

Soit. Je ne tiens pas à mes collègues... pas du tout.

L'AGENT.

Le pouvoir royal ne leur semble pas encore assez affaibli.

LE MINISTRE.

Je l'affaiblirai davantage. Seront-ils contens?

L'AGENT.

Votre Excellence daigne percevoir certains petits impôts dont elle ne justifie pas l'emploi. C'est un compte.

LE MINISTRE.

Oh! pour ce compte, ils ne l'auront jamais.

L'AGENT.

Ils l'exigeront, Monseigneur.

LE MINISTRE.

S'ils me pressent trop sur cet article, je passerai à l'ennemi; je me réconcilierai avec les royalistes.

L'AGENT.

Avec les royalistes?

LE MINISTRE.

Et pourquoi pas? Certes, je les hais de tout mon cœur, et je le leur ai bien prouvé; mais dès que leur appui me deviendra nécessaire, point de rancune : je suis leur ami.

L'AGENT.

Avec les royalistes, jamais ! vous l'avez donc oublié?

LE MINISTRE.

Ce n'est pas moi qui ai dit cette sottise-là; c'est B***.

L'AGENT.

Mais ces royalistes, si souvent trompés, voudront aussi des sûretés.

LE MINISTRE.

Je leur en donnerai, et d'abord j'engagerai ma parole, ma foi, mon honneur..... Vous riez, je crois!

L'AGENT.

Sans doute, je ris; Monseigneur badine : ce

n'est pas que la garantie ne soit bonne, mais les royalistes ne s'en contenteront pas.

LE MINISTRE.

S'ils sont trop exigeans, je reviendrai aux libéraux ; et, pour leur prouver toute la sincérité de mon retour, j'inventerai une troisième conspiration royaliste.

L'AGENT.

Qui réussira comme les autres. Ne conspirez plus, Monseigneur ; car vos conspirations font pitié ; j'en suis honteux pour vous. En vérité, Monseigneur, la police a perdu beaucoup de sa considération depuis que vous en êtes chargé. Il n'y a presque plus d'honneur à la servir, et il ne tient à rien que je ne prie Votre Excellence de recevoir ma démission.

LE MINISTRE.

Vous êtes un ingrat ; car, ce matin même, et à votre insu, j'ai donné l'ordre de vous compter une gratification très-honnête.

L'AGENT.

Je la toucherai, Monseigneur, pour vous

faire plaisir et par attachement pour votre personne.

LE MINISTRE.

J'allais doubler vos appointemens.

L'AGENT.

Monseigneur, je retire ma démission. Vous
avez des procédés auxquels un cœur bien né ne
saurait résister.

LE MINISTRE.

Concevez donc maintenant, mon cher, tout
l'embarras de ma position. Les royalistes d'un
côté, les libéraux de l'autre, *le Conservateur*,
la Minerve, l'enfer, le paradis, déchaînés contre
moi : vous concevez ?

L'AGENT.

Parfaitement ; mais tout n'est pas désespéré.

LE MINISTRE.

Vous croyez ?

L'AGENT.

Si Monseigneur veut prendre une de ces mesures énergiques qui sauvent les empires et les
ministres.

LE MINISTRE.

Et les ministres? parlez.

L'AGENT.

Aux grands maux, les grands remèdes, Monseigneur.

LE MINISTRE.

Expliquez-vous, enfin.

L'AGENT.

Monseigneur a un bon cuisinier?

LE MINISTRE.

Courvoisier le dit excellent.

L'AGENT.

Il faut que Monseigneur en ait un second.

LE MINISTRE.

Qu'à cela ne tienne ; j'en aurai trois.

L'AGENT.

Soignez le ventre, Monseigneur ; soignez le ventre.

LE MINISTRE.

Il me semble qu'on ne m'accuse pas de l'avoir négligé jusqu'à présent.

L'AGENT.

L'attaque devenant plus vive, il faut multiplier les moyens de défense. La salle à manger de Monseigneur est bien petite, bien peu conforme à l'esprit du siècle.

LE MINISTRE.

On dînera, cet hiver, dans mon salon.

L'AGENT.

J'allais vous proposer les salles du Louvre ; elles sont libres, et il me semble que tous les députés bien pensans dîneraient là fort bien à leur aise. Mais sachez, Monseigneur, que les dettes de l'estomac se prescrivent au bout des vingt-quatre heures, et que c'est même un axiome, en gastronomie ministérielle, qu'on ne doit rien pour un dîner qu'on a digéré. Les ministres, dans un gouvernement représentatif, doivent prendre pour enseigne : *A la marmite perpétuelle.* Agissez en conséquence, et que le peuple, qui jeûne, ait au moins la consolation de savoir qu'une partie de ses députés dîne convenablement. Table ouverte, Monseigneur; table ouverte, et que ces dames soient aimables. Ce n'est pas tout, il faut que vos collègues vous secondent; or, je dois vous le dire, votre abbé Louis est un cancre. Les médecins ont mis votre ministre de la guerre au régime. Votre grand-justicier, quoiqu'il perde facilement la tête, n'est cependant qu'un buveur d'eau. Ma foi, Monseigneur, si j'étais à votre place, je n'en ferais ni une ni deux.....

LE MINISTRE.

Je vous entends; mais.nous en causerons un autre jour. Au revoir!.... Ecoutez, écoutez; j'ai un mot à vous dire. Il me faut un rédacteur pour *la Correspondance privée*, et je compte sur vous.

L'AGENT.

Sur moi, Monseigneur! cette infamie me passe.

LE MINISTRE.

A qui voulez-vous donc que je m'adresse?

L'AGENT.

A qui? Votre Excellence trouverait peut-être à Brest ou à Toulon.....

LE MINISTRE.

Je n'irai pas si loin..... Vous pouvez vous re-

tirer..... Où diable l'honneur va-t-il se nicher ?
Je veux cependant que cette correspondance
continue, et si ces coquins-là ne veulent pas la
rédiger, je la rédigerai moi-même.

— N° XXII. —

LES DRAGÉES DU BAPTÊME.

—

Midi sonnait à l'Institut : monseigneur était rentré dans son hôtel. Il venait d'y recevoir le compliment de félicitation des dames de la Halle, toujours averties les premières des grands et mémorables événemens qui ont lieu dans la capitale. L'orateur de la députation, parlant au nom de la France, et spécialement de tous les marchés de Paris, avait dit à monseigneur des choses si aimables, si gracieuses, que son excellence songeait très-sérieusement à lui assigner une pension sur les fonds consacrés aux encouragemens littéraires. Folie, direz-vous ; folie soit ; mais y a-t-il sagesse qui tienne contre certains événemens ? J'avoue qu'en pareille occasion la tête me tournerait, comme elle tournait alors à monseigneur.

Non, ce n'était pas une joie ordinaire : c'était un véritable délire. Monseigneur courait, plutôt qu'il ne se promenait, dans son salon ; d'une main, renversait une chaise, et de l'autre un fauteuil, et répétant sans cesse ce refrain d'une des plus agréables chansons de notre Désaugiers : *Ma fortune est faite*. Son excellence ne voyait, n'entendait rien. Son fidèle *** était là depuis un quart d'heure, et elle ne l'avait pas encore aperçu. Cet employé est l'ami particulier de monseigneur ; toutes les affaires de quelque importance passent par ses mains : on n'a point de secret pour lui ; peines et plaisirs, on lui confie tout. Las d'attendre, il dit au ministre : « Monseigneur, vous paraissez bien agité ; qu'avez-vous donc ? »

LE MINISTRE.

Ce que j'ai !... ce que j'ai !... Quoi, mon cher, vous ne le devinez pas ? Un bonheur dont je commençais à désespérer.

L'AMI.

Monseigneur, expliquez-vous ?

LE MINISTRE.

Ce matin... Oui, ce matin même...; enfin il est fait. Vous le savez maintenant.

L'AMI.

Mais de quoi parle Votre Excellence?

LE MINISTRE.

Parbleu! de ce baptême. Votre cœur aurait déjà dû vous le dire..... Dans la chapelle des Tuileries.... Deux personnages augustes....; le grand-aumônier, en l'absence du pape..... Tout s'est passé, mon cher, comme je l'avais désiré. Pour moi, quel triomphe! Pour mes ennemis, quel désappointement! N'est-il pas vrai que ces *ultras* vont bien enrager? Tant mieux, vraiment;. plus ils enrageront, plus je serai content.

L'AMI.

De grâce, Monseigneur, modérez ce transport; la fortune est inconstante : un philosophe grec a dit.....

LE MINISTRE.

Je crois que, vous aussi, vous devenez doctrinaire; prenez-y garde : je n'aime pas qu'on m'ennuie. Laissez donc là cet homme de la Grèce, et prenez surtout un ton moins grave.

L'AMI.

Je le veux bien. *Tel qui rit vendredi...*

LE MINISTRE.

Rira dimanche; je connais cela; mais ce n'est pas pour l'entendre que je vous ai fait appeler. Un ministre n'a point de tems à perdre : tous ses momens appartiennent à la patrie. Nous avons aujourd'hui un travail bien important à faire ensemble.

L'AMI.

Cette fois, je devine : il s'agit sans doute du rapport sur la situation de la France.

LE MINISTRE.

A-t-il donc perdu l'esprit? Qu'ai-je besoin de ce rapport?

L'AMI.

La chambre va le demander à Votre Excellence.

LE MINISTRE.

La chambre est bien curieuse. Qu'elle se mêle donc de ses affaires! Je lui demande, moi, le budget; qu'elle me le donne, et bon voyage!

Mais dépêchons. Voyez-vous ces boîtes de dragées? comptez-les, je vous prie : vous n'en trouverez pas moins de cinq cents. Or, il s'agit d'en faire la distribution, et je crois que ce travail est plus urgent que votre rapport sur la situation de la France, que d'ailleurs je connais fort peu... Prenez la plume, et faites ma liste... Par qui va-t-il commencer?

L'AMI.

Par les amis de Votre Excellence.

LE MINISTRE.

Est-ce que mon Excellence a des amis? Ma caisse, oui ; ma cuisine, à la bonne heure ; mais moi! Allez, mon cher, j'en sais sur ce point tout autant que vos philosophes de la Grèce, sans les avoir lus. Mes amis en auront, s'il en reste. C'est à ma famille que je dois songer d'abord ; j'espère qu'elle le mérite bien.

L'AMI.

Précisément le courrier de Bordeaux part ce soir ; l'envoi ne souffrira pas de retard.

LE MINISTRE.

Qu'il est donc gauche! Il ne sait pas que j'ai

deux familles! Prenez l'*Almanach royal ; m'en*-
tendez-vous? Prenez l'*Almanach royal*, ouvrez :
Naissances et alliances DES *princes et souverains...*
Bien! vous y êtes. Cette page est toute parsemée
de cousins à moi. Cela vous étonne, mon cher,
et moi aussi ; mais qu'y puis-je faire? Envoyez
des dragées à toute cette féodalité.

L'AMI.

Ah! Monseigneur, si on vous entendait!

LE MINISTRE.

Que dirait-on? Est-ce donc ma faute si tous
ces gens-là sont mes parens plus ou moins ?
Les as me sont venus, j'en ai profité. Fallait-il
ruiner mon jeu en écartant? Avançons. Tous mes
cousins sont-ils inscrits ? Passez aux cousines.
Vous avez peut-être entendu dire qu'un roi du
nord nous en avait demandé une. C'est un honnête homme que ce roi ; je n'ai pas de mal à en
dire, mais qu'il touche là, il n'aura pas ma
cousine, il est trop nouveau. C'est de l'ancien
qu'il nous faut; oui, mon cher, de l'ancien. Et
cherchez bien, vous ne trouverez pas de Médi-
cis dans notre généalogie.

I.12

L'AMI.

Ah! Monseigneur, que dites-vous?

LE MINISTRE.

Est-ce que je le sais? ce baptême me met tout hors de moi.... Mais qu'entends-je?... un concert.....

L'AMI.

Ce sont des musiciens ambulans qui s'arrêtent devant l'hôtel de Votre Excellence.

LE MINISTRE.

Ils ont sans doute appris..... Leur attention me touche. Je veux qu'on les fasse entrer..... L'air est vraiment très-joli. Mais que chantent-ils donc?

L'AMI.

Une chanson très-connue : *Je suis Lindor....*

LE MINISTRE.

N'achevez pas, et qu'ils s'éloignent au plus vite ; l'air est affreux et les paroles sont détestables. Ne serait-ce pas une malice de ces *ultras?* Encore une conspiration! Je destituerai demain trois préfets royalistes, si je peux les trouver... Ne disiez-vous pas tout à l'heure que cette chambre allait me demander un rapport sur la situation de la France?

L'AMI.

Elle doit commencer par là.

LE MINISTRE.

Hé bien! je lui donnerai des dragées; sera-t-elle contente? Mais suivons notre affaire. Ecrivez maintenant les noms de tous les ducs, comtes, marquis, vicomtes, barons, etc. Y en a-t-il assez? Commencez par les anciens.

L'AMI.

Par les anciens! Y pensez-vous, Monseigneur? Ce sont eux qui vous aiment le moins.

LE MINISTRE.

Et croyez, mon cher, que je le leur rends bien: mais il n'importe. Voulez-vous que MM. de Montm...... aillent dire dans le monde que le comte de C.... ne sait pas vivre? Il est entre nous autres, gens de qualité, des égards, des devoirs de bienséance et d'étiquette dont on ne doit jamais se dispenser. Vous ne savez pas cela, vous; vous n'avez pas de père gentilhomme. Commencez par les anciens, rancune tenante.

L'AMI.

Fort bien, Monseigneur; mais les boîtes pourront bien nous manquer. Toutes ces cours d'Al-
lemagne, votre illustre parenté, nous en enlè-
vent un grand nombre, et s'il faut en donner
à tous les *anciens*, je prévois que ce qui restera
pour les *nouveaux* sera fort peu de chose.

LE MINISTRE.

Les nouveaux?.... nous ferons de petits cornets pour les nouveaux. Ce que j'en dis, au
reste, n'est que pour plaisanter; car, Dieu
merci, nous ne chômerons pas; le parrain est
magnifique. Allez donc.

L'AMI.

Les ministres.....

LE MINISTRE.

Oui, cela convient, puisqu'ils sont encore
ministres.

L'AMI.

Ils vont donc cesser de l'être?

LE MINISTRE.

J'en suis fâché, mais il n'y a si bonne compagnie qui ne se sépare. J'ai, mon cher, une nation bien étrange à gouverner. L'uniformité la fatigue, elle aime le changement. Je vais donc, pour la satisfaire, changer de ministres. Ma politique l'exige.

L'AMI.

Ainsi, les journaux, que nous avons démentis par exprès commandement de Votre Excellence, disaient vrai.

LE MINISTRE.

Les journaux feraient mieux de ne rien dire du tout. Je commence à m'en lasser. Décidément, on ne peut pas gouverner avec la liberté de la presse. C'est chaque jour une nouvelle accusation, et jugez, je vous prie, ma position. « Si je me tais, dit B. C., mon silence me » condamne ; si je parle, mes paroles tournent » contre moi. » Sortez de là! J'étais naguère moins embarrassé. Je parlais toujours ; je parlais tout seul, et je n'avais jamais tort. C'est ainsi que je conçois la liberté de la presse.

L'AMI.

Il y a peu de gloire à combattre et à vaincre des adversaires désarmés.

LE MINISTRE.

Il y en a moins encore à être battu tous les matins, à plate couture, par ses ennemis. Et c'est ce qui m'arrive depuis qu'ils ont le droit de me répondre. Tenez, mon cher, vous n'y entendez rien ; rester en place, voilà la véritable gloire d'un ministre, et je serai bien honteux, je vous l'assure, le jour où je partirai. Mais ce jour est encore éloigné..... Que disent donc ces journaux ?

L'AMI.

Suivant les uns, vous devez rappeler les royalistes.

LE MINISTRE.

Pourquoi pas ?

L'AMI.

Suivant les autres, ce sont les libéraux.

LE MINISTRE.

Pourquoi pas encore ? Fût-ce le diable, je l'embrasserais s'il pouvait garantir mon inamovibilité. Ecoutez : ce n'est point avec vous que je veux feindre. Les libéraux me conviendraient mieux ; mais l'homme d'état doit savoir étouffer ses affections les plus chères. Vous savez ce qui se passe. Ce congrès de Carlsbad, ces résolutions de la diète de Francfort, ces souverains qui s'aperçoivent enfin qu'on s'arrangeait pour se passer d'eux : toutes ces circonstances me gênent fort et m'imposent de grands ménagemens. Il serait donc possible que je me visse obligé de revenir sur mes pas ; mais que les libéraux prennent patience. Assurez-leur, de ma part, que, si je redeviens royaliste, ce ne sera pas pour long-tems. C'est aux libéraux qu'il faut dire cela ; mais vous direz tout le contraire aux royalistes ; et voilà, mon cher, comment nous nous conserverons..... Où en êtes-vous...; aux directeurs - généraux..... Bien. Une boîte à Saint...., deux à B...., rien à G.... Ces doctrinaires sont ma bête noire. Je ne peux pas les sentir.... Suivez.... Officiers-généraux..., haut clergé..., haute magistrature... Ne descendez pas trop bas.

L'AMI.

J'en suis aux avocats, aux avoués, aux...

LE MINISTRE.

Passez, passez, c'est une distinction que mes dragées ; je n'en donne pas à tout le monde.

Arrêtez, l'Almanach royal vous devient inutile; prenez l'autre.

L'AMI.

Et quel autre, Monseigneur?

LE MINISTRE.

Quel autre? quel autre? Est-ce qu'il y en a trois? Sot que vous êtes, prenez l'Almanach impérial. J'ai fait des ingrats; mais je ne veux pas l'être. C'est une belle vertu que la reconnaissance..... Puis, entre nous, mon cher, tout est bien incertain aujourd'hui. On ne sait ni qui s'en va, ni qui revient. Ce diable d'esprit du siècle nous mènera loin, si on ne le bride. Prenez donc l'Almanach impérial. J'ai là de fort bonnes connaissances et même de fort aimables... N'oubliez pas le duc Cam..... Peut-être que, sans sa protection, je n'eusse jamais siégé sur les abeilles. C'était, vous le savez bien, les fleurs de lis de ce tems-là. Je dois encore beaucoup à ***.

L'AMI.

Mais, c'est un des bannis.

LE MINISTRE.

Vraiment! Je l'avais oublié. Hé bien; mandez-lui qu'il peut revenir. Le *jamais* de de Serres n'en sera que plus drôle ; mon pauvre collègue ! A propos, ne m'avez-vous pas dit que le courrier de Bordeaux partait aujourd'hui ? profitons-en.... Accompagnons cet envoi d'une lettre respectueuse et tendre : ce n'est pas le ministre, c'est le fils qui doit la signer. Point de fatuité, point d'impertinence ; on me prendrait pour un parvenu. Dites-lui que c'est aux principes d'honneur, ajoutez, et de délicatesse qu'il m'a inculqués.... Bon, c'est cela.

L'AMI.

Quelques boîtes n'ont pas encore de destination. A qui Son Excellence veut-elle que je les adresse ?

LE MINISTRE.

A qui ?.... voyons.... Parbleu ! aux journalistes..

L'AMI.

Aux journalistes ? Aux ministériels, sans doute ?

LE MINISTRE.

Oui, pour les encourager, quoique ce soit pour eux viande creuse. Mais songez, je vous en prie, aux journalistes de l'opposition.

L'AMI.

Aux libéraux?

LE MINISTRE.

Oui, pour les adoucir.

L'AMI.

Et aux royalistes?

LE MINISTRE.

Oui..., pour les étouffer.

L'AMI.

A la bonne heure. Il nous reste une boîte. Qui l'aura?

LE MINISTRE.

Ce sera le voisin; je sais qu'il ne m'aime guère; mais je veux lui prouver que j'ai l'esprit bien fait.... Tout est terminé : respirons.... Ce travail m'a horriblement fatigué, et celui que nous ferons demain ne sera ni moins important, ni moins pénible.... J'ai des envieux : on ambitionne ma place. Ah! si on savait ce que c'est que d'être ministre, il y aurait à coup sûr moins de prétendans.

L'AMI.

Je compte présenter demain à Votre Excellence un rapport sur les réclamations d'un nombre considérable de communes, qui se plaignent de taxes arbitraires.

LE MINISTRE.

Vous ne m'entretenez que de bagatelles et de futilités.... N'est-ce pas demain samedi?.... Et nos invitations à dîner pour la semaine prochaine..... l'étourdi n'y songe pas ; il oublie les affaires les plus pressantes, les plus délicates.... Demain, mon cher, à midi, sans faute.

LES ADIEUX DU VOISIN.

—

LE VOISIN.

On dit, voisin, que vous nous quittez au terme prochain.

LE MINISTRE.

On dit vrai.

LE VOISIN.

Cette nouvelle m'afflige, car j'aimais votre voisinage.

LE MINISTRE.

Je ne m'en serais pas douté.

LE VOISIN.

Voisin, pas de rancune. Moi, j'ai tout oublié ; faites de même, et parlons d'autre chose. Vous serez sans doute mieux logé ?

LE MINISTRE.

Mieux : oui, mais la différence n'est pas très-sensible. L'hôtel Wagram a des agrémens, mais il est bien petit, bien étranglé ; enfin, je m'en contente, je me gênerai ; il faut aujourd'hui avoir de la modération.

LE VOISIN.

Savez-vous bien, voisin, que votre modération nous coûte cher ?

LE MINISTRE.

Une bagatelle : pas tout-à-fait deux millions.

LE VOISIN.

Peste, voisin, vous en parlez fort à votre aise. Vous êtes assurément très-aimable ; mais près de deux millions pour vous mettre en chambre! et vous traitez cela de bagatelle !

LE MINISTRE.

Le roi le trouve bon.

LE VOISIN.

Et si les chambres le trouvent mauvais? près de deux millions à ajouter aux charges énormes qui pèsent déjà sur nous! On y regardera à deux fois avant de vous passer ce petit article de vos *menus-plaisirs*.

LE MINISTRE.

Il est donc décidé que vous n'aurez jamais que des choses désagréables à me dire. Vos adieux seront amers.

LE VOISIN.

Non, voisin, rassurez-vous; je ne vous dirai que ce que depuis long-tems vous auriez entendu, si, parmi tant de valets qui vous entourent, il vous eût été possible de trouver un ami. Je sens d'ailleurs quels égards, quels ménagemens délicats votre position me commande.

LE MINISTRE.

Ah! vous le sentez. Enfin.... sa fierté s'adoucit, il est à moi.

LE VOISIN.

Je ne sais point insulter aux grandeurs déchues, ou prêtes à déchoir.

LE MINISTRE.

Qu'est-ce que cela signifie?

LE VOISIN.

Cela signifie, voisin, que vous n'irez pas loin,
et que votre chute....

LE MINISTRE.

Ma chute! Jamais mon pouvoir n'a été plus
affermi.

LE VOISIN.

Jamais, au contraire, il n'a été plus ébranlé.
Voisin, ce n'est guère la peine de déménager.
Les tems prédits par la sibylle sont arrivés. Ah!
pauvre voisin! si vous n'y prenez garde, l'année
1820 vous sera fatale.

LE MINISTRE.

Les royalistes me chasseront peut-être?

LE VOISIN.

Pauvre voisin, ni les royalistes, ni les libéraux.

LE MINISTRE.

Qui donc?

LE VOISIN.

La force des choses... Les fautes que des
conseillers ineptes ou perfides vous ont fait commettre. Ah! voisin, quelle belle partie vous avez

perdue! Toutes les fois que j'y songe, j'ai envie de vous battre. Tournez-vous un peu, voisin, mon envie me prend.

LE MINISTRE.

Ne plaisantons pas.

LE VOISIN.

Tout vous favorisait à votre entrée au ministère ; je crois vous y voir arriver ; vous étiez beau comme l'Espérance. Le bien d'ailleurs était si facile, que vous auriez pu le faire, malgré votre inexpérience, malgré le peu de connaissance que vous aviez des hommes et des choses, et quoiqu'il semblât enfin qu'on ne vous avait fait ministre que pour vous fournir l'occasion d'apprendre à le devenir un jour.

LE MINISTRE.

Accusez-vous mes intentions ?

LE VOISIN.

Alors, elles étaient excellentes.... Ne vous en défendez pas, voisin : les libéraux n'en sauront rien ; vous avez été royaliste. Je parle de loin ; vous en souvient-il ?

LE MINISTRE.

Comment, s'il m'en souvient!

LE VOISIN.

Les préfets de ce tems-là, que vous avez depuis destitués, comme trop royalistes, étaient obligés de modérer l'ardeur de votre zèle. J'ai lu les lettres *confidentielles et secrètes* que vous leur adressiez à cette époque. Tudieu, voisin, quelle verdeur! Vous n'y alliez pas de main-morte, et, si on vous eût écouté, les libéraux auraient vu du pays. Allons, voisin, convenez du fait : vous étiez un franc *ultra*. Enfant, n'en rougissez donc pas; c'est un beau défaut, et d'ailleurs vous vous en êtes bien corrigé; est-il vrai, voisin?

LE MINISTRE.

Ils m'y ont forcé; vous savez de qui je veux parler; ils ne m'ont pas rendu ce qu'ils devaient au ministre du roi, à l'homme comblé de ses faveurs. Je n'étais toujours, à leurs yeux, qu'un *petit bourgeois de Libourne*. Quel ton! quelle arrogante fierté! Ils savent aujourd'hui de quoi le petit bourgeois de Libourne est capable.

LE VOISIN.

Pauvre voisin !

LE MINISTRE.

L'homme nouveau leur a prouvé qu'il savait au moins se venger de leurs mépris.

LE VOISIN.

Pas si nouveau, vraiment! N'ai-je pas lu quelque part qu'un de vos ancêtres avait été ennobli par Louis XI? Cela est déjà fort honnête. Le papa, qui savait ce qui en était, en a bien ri, et de ce bon et gros rire que vous lui connaissez; car il est jovial, le papa.

LE MINISTRE.

Et vous m'attribuez, sans doute, cette sotte invention?

LE VOISIN.

Non; je présume que c'est l'œuvre de quelque *chérin* de votre police qui aura cru vous faire sa cour en vous donnant un ridicule de plus. Mais, au moins, convenez que votre petite vanité blessée nous gouverne depuis quatre ans, et que, pour notre malheur, comme pour le vôtre, un dépit enfantin a décidé de nos destinées. Est-il vrai, voisin?

LE MINISTRE.

Oui, je l'avoue, leurs superbes dédains m'ont irrité.

LE VOISIN.

Il fallait voir de plus haut, et poursuivre avec courage la noble carrière que les circonstances vous avaient ouverte. Le petit bourgeois de Libourne serait aujourd'hui un Français très-illustre ; son nom ne serait prononcé qu'avec reconnaissance, et, au lieu de nous parler d'une faveur incertaine qui, loin de donner le mérite, ne le suppose même pas, il ferait valoir les droits réels qu'il aurait acquis à la considération publique. Voisin, je ne puis m'en dédire, vous avez perdu une bien belle partie.

LE MINISTRE.

Je prendrai ma revanche : il en est tems encore.

LE VOISIN.

J'en doute fort.

LE MINISTRE.

On sait que je reviens sur mes pas : je l'ai promis.

LE VOISIN.

Voisin, on se méfie de vos promesses.

LE MINISTRE.

Je donnerai des gages qui banniront toute défiance ; et déjà ces trois ministres que j'ai fait chasser.....

LE VOISIN.

Ils étaient usés jusqu'à la corde, et vous ne pouviez plus vous en servir. Un abbé Louis, la risée des halles et des marchés de Paris! Et cependant il serait encore ministre, s'il avait été de votre avis. Est-il vrai? On dit, mon voisin, que vous ne songez qu'à vous, et que c'est pour vous seul que vous faites et défaites des ministres. Est-il vrai?

LE MINISTRE.

Au moins, doit-on être content des nouveaux. M. Pasquier?

LE VOISIN.

Ha! ha! ha! le bon gage!

LE MINISTRE.

Et le ministre de la guerre?

LE VOISIN.

C'est un homme de bien, généralement es-
timé. Aussi sa nomination a surpris bien du
monde. Voisin, ne vous êtes-vous pas trompé?
Au reste, vous avez beau réformer tous les ans
votre maison ministérielle, personne n'est dupe.
Le ministère tout entier, c'est vous, vous seul,
et vous êtes toujours là.

LE MINISTRE.

Oui ; mais avec des vues différentes. Je change
de système, c'est une chose convenue..... De
quoi riez-vous donc ?

LE VOISIN.

De M. Desfonandrez, de ce médecin qui disait un jour : « J'ai fait saigner vingt fois le ma-
» lade, et il va toujours aussi mal ; donc sa ma-
» ladie n'est pas dans le sang. Je vais maintenant
» le purger vingt fois, pour voir si elle n'est pas
» dans les humeurs. »

LE MINISTRE.

Sotte comparaison. Je ne tâtonne pas, moi ; .
je vois très-clairement que le mal est dans la loi
des élections.

LE VOISIN.

En êtes-vous bien sûr? Quoi! dans cette loi admirable, le complément de toutes nos institutions; dans cette loi qui affermit également le trône et la liberté, qui..., qui..., qui...

LE MINISTRE.

Quel est donc le sot qui a dit cela?

LE VOISIN.

C'est vous, mon voisin; vos journaux l'ont répété jusqu'au dégoût, et je vous le rappelle charitablement, afin que vous soyez sur vos gardes lorsque les libéraux, qui s'en souviennent, vous montreront votre béjaune.

LE MINISTRE.

Cette loi, purement démocratique, doit mettre la monarchie en péril.

LE VOISIN.

C'est précisément ce qu'on n'a cessé de vous crier depuis trois ans. Qu'avez-vous répondu?... Et vous viendrez aujourd'hui.... Il n'y a plus à reculer, je le sais. Mais voyons par qui vous serez secondé. Ne comptez pas sur les libéraux; vous voyez comme ils vous traitent, et Dieu en soit loué! comme ils nous vengent! Il faut convenir, voisin, que vous avez là de bien bons amis. Surtout ménagez-les, caressez-les tendrement; ils vous le rendront dans l'occasion. Ce qu'ils vous donnent aujourd'hui n'est qu'un à-compte.

LE MINISTRE.

Leurs cris et leurs menaces m'épouvantent peu.

LE VOISIN.

Mais vous n'avez pas l'air trop rassuré en disant cela.

LE MINISTRE.

Si je voulais!

LE VOISIN.

Eh! veuillez donc...

LE MINISTRE.

Tout ira mieux que vous ne pensez. Le milieu m'assure, dans les deux chambres, une majorité respectable.

LE VOISIN.

Voisin, chauffez votre four, et donnez-nous de nouveaux pairs; car ceux de l'année dernière vous diront, serviteur. Créés pour le maintien de votre admirable loi des élections, pouvez-

vous décemment leur proposer d'attaquer aujourd'hui ce qu'ils ont défendu hier? Passons à
la chambre des députés. J'y étais, voisin, le jour
que vous avez si bien parlé sans rien dire. Je l'ai
vu ce centre, naguère votre appui et votre gloire;
ce centre que vous montriez encore l'année dernière avec orgueil à vos amis et à vos ennemis;
je l'ai vu. Dieu! comme il a maigri, malgré la
bonne nourriture que vous lui avez donnée! Il
ne m'a paru, hélas! que l'ombre de lui-même.
Non, ce n'est plus le ventre; c'est le squelette
du ventre. Voisin, l'honneur a recruté, et vous
êtes en perte; jusqu'à M. ***** qui vous aban-
donne... Ah! par exemple, je croyais bien que
vous deviez compter sur celui-là.

LE MINISTRE.

Il m'inquiète peu. C'est un ministériel en service extraordinaire. Il ramènera plus d'un dé-
serteur sous les drapeaux. Quant aux royalistes,
leur vote peut-il être douteux? il s'agit du salut
de la France.

LE VOISIN.

Et du vôtre, mon voisin; encore quelques
mois, et votre bonne loi des élections vous chas-

sera par reconnaissance. Vous le savez, et c'est
ce que vous voulez empêcher. Est-il vrai, voisin? Je crois qu'un répit de cinq ans ferait bien
votre affaire. Mais les royalistes seront-ils assez
bons, disons le mot, assez niais pour vous l'accorder avant d'avoir obtenu les plus fortes garanties? Je ne le pense pas. Vous êtes, voisin,
un débiteur fort suspect. Le côté droit, qui le
sait, ne voudra prêter que sur nantissement :
c'est une sorte de dictature que vous lui demandez. Pour moi, si cela me regardait seul, j'ai-
merais assez à vous voir dictateur, et M. Pasquier général de la cavalerie; mais probablement les royalistes ne verront pas les choses du
côté plaisant. Voisin, où sont vos gages?

LE MINISTRE.

Qu'il vous suffise de savoir que les royalistes
seront contens et de moi et de M. Pasquier.

LE VOISIN.

En ce cas, vive le voisin et M. Pasquier!

LE MINISTRE.

Cette fois, les garanties ne me coûteront rien,
et elles seront rassurantes. Je veux me lier...

LE VOISIN.

Voisin, serrez fort ; car jusqu'à présent cela n'a pas tenu.

LE MINISTRE.

Cela tiendra désormais : j'offrirai aux royalistes plus qu'ils n'ont jamais demandé.

LE VOISIN.

Et peut-être aussi plus qu'ils ne veulent. Savez-vous bien que votre renouvellement quinquennal est un fort joli soufflet donné à la charte ?... Ah ! voisin, vous n'aimez pas la charte ? Nous l'aimons, nous.

LE MINISTRE.

Si j'en blesse un peu la lettre, c'est pour mieux entrer dans son esprit.

LE VOISIN.

Excusez, voisin ; ce que vous venez de dire est absurde et choque le sens commun. Cela sent son doctrinaire d'une lieue à la ronde.

LE MINISTRE.

Modifier n'est pas détruire.

LE VOISIN.

Sans doute, et j'ai dans mes vieilleries sept ou huit constitutions qui ont été fort joliment modifiées, je vous l'assure. Mais vous avez encore ici contre vous le malheureux chapitre des antécédens. Connaissez-vous certaine médaille frappée au profit de ces libéraux, qui vous la jetteront méchamment à la tête? Lisons ensemble : *Aucun article de la charte ne sera revisé.* Il paraît, voisin, que vos médailles ont un revers.

LE MINISTRE.

On change de conduite avec les circonstances.

LE VOISIN.

A la bonne heure, j'entends cela ; mais dans les gouvernemens représentatifs, il faut compter. Or, le côté gauche est hostile! Vous n'en doutez pas. Le centre est à peu près nul. Voyez ce qui vous reste. Gouvernerez-vous avec quelques doctrinaires et des dindes au truffes? Vous ne pouvez pas l'espérer. Je ne vois donc qu'un seul moyen de salut.

LE MINISTRE.

Expliquez-vous.

LE VOISIN.

Il est tard ; je vous dirai cela une autre fois. Adieu, voisin, jusqu'au revoir. Vous êtes bien malade.

— N° XXIV. —

LES ADIEUX DU VOISIN.

SUITE.

—

LE VOISIN.

HÉ bien, voisin! où en sommes-nous? Ce déménagement n'avance guère. Il est vrai que vous êtes si riche aujourd'hui.

LE MINISTRE.

Ne l'est-on pas toujours, quand on déménage? Mais le plus fort est fait; ma batterie de cuisine est enlevée.

LE VOISIN.

Je l'ai vu passer, et, par respect, je lui ai ôté mon bonnet.

LE MINISTRE.

Est-il fou, de saluer mes casserolles!

LE VOISIN.

Comment donc? Je leur devais bien cette politesse. Ne sont-ce pas elles qui nous ont gouvernés jusqu'à présent? Je sais que, depuis un mois environ, elles ont perdu une partie de leur influence politique ; mais c'est votre faute, et non la leur.

LE MINISTRE.

Je ne vous comprends pas.

LE VOISIN.

Votre jeu de bascule n'est point du tout rassurant pour vos convives ; le ventre est inquiet ; il murmure, il crie ; et, entre nous, voisin, le ventre a raison.

LE MINISTRE.

L'ingrat! j'ai fait doubler le nombre des entrées.

LE VOISIN.

C'est bien ; mais, dans un gouvernement représentatif, il ne suffit pas de dîner aujourd'hui, il faut dîner toute l'année ; et, grâce à vous, il y a si peu de stabilité dans nos affaires, qu'on ne sait vraiment pas chez qui on dînera demain. Cela jette du trouble dans les consciences. Décidez-vous donc, voisin : les écrivains ministériels sont dans le plus grand embarras. Ils ne demandent qu'à bien faire ; ils défendront tout ce que vous voudrez, le despotisme, la liberté, l'oligarchie, l'aristocratie, etc. Mais, pour Dieu, ne les forcez pas à se contredire trois fois par semaine. Prenez un parti et ne le quittez plus ; soyez royaliste ou libéral ; soyez quelque chose, enfin.

LE MINISTRE.

On est bien pressé ; qu'on attende.

LE VOISIN.

On n'a déjà que trop attendu, et savez-vous ce qui se passe pendant que vous délibérez ? Tout est en souffrance ; rien ne va, rien ne marche. La police, dont vous êtes toujours le chef, ne se fait pas ou se fait mal. La société semble prête à se dissoudre. Il n'y a plus de sûreté pour le sexe dans les rues de Paris. On pique nos femmes ; on pique nos filles.....

LE MINISTRE.

C'est peut-être moi qui pique ou fait piquer ?

LE VOISIN.

Je n'en sais rien. Mille bruits en courent à votre

honte. Ce qu'il y a au moins de bien démontré, c'est que ce scandale, qui dure depuis plus d'un mois, n'aurait pas duré plus de vingt-quatre heures sous le moins habile de vos prédécesseurs. A quoi servent donc les millions que dévore votre police?.... Je voudrais qu'une de vos dames fût piquée..... légèrement toutefois.

LE MINISTRE.

Mon voisin est encore bien dur aujourd'hui.

LE VOISIN.

Qu'importe, si je suis vrai, et si la vérité peut seule vous sauver. Je reviens à mon sujet. Que comptez-vous faire? Sur qui vous appuierez-vous?

LE MINISTRE.

Sur les royalistes ou sur les libéraux.

LE VOISIN.

Quoi! vous hésitez encore? Choisissez donc.

LE MINISTRE.

Croyez-vous les libéraux disposés à me soutenir?

LE VOISIN.

Souffrez qu'à mon tour je vous fasse une question ; et sans périphraser, voisin, voulez-vous être..... ?

LE MINISTRE.

La question est étrange.

LE VOISIN.

Elle est toute simple, et je la répète : Voulez-vous être..... ? On ne dispute pas des goûts ; si celui-là est le vôtre, et si vos dames le trouvent bon, je n'ai plus d'objections à vous faire ; tout est dit. Donnez-moi un billet, afin que je puisse assister à la représentation ; et j'y verrai les doctrinaires qui vous exhorteront à prendre courage, et qui vous prouveront, en trois points, que vous aurez tort de vous en prendre à leurs doctrines, et que ce petit accident est l'effet des causes secondes, contre l'influence desquelles les meilleures doctrines ne peuvent rien. Voisin, ne serez-vous pas bien consolé, quand vous saurez que ce sont les causes secondes qui vous feront..... ?

LE MINISTRE.

Jamais les libéraux, que j'ai bien servis, ne me traiteront aussi mal que vous le supposez.

LE VOISIN.

Je ne réponds de rien ; votre inconstance les

irrite, et peut-être ne trouveront-ils pas d'autre moyen de fixer vos éternelles irrésolutions. Lisez-vous les journaux de ce parti ?

LE MINISTRE.

J'ai chargé M..... de m'en rendre compte ; c'est comme si je les lisais.

LE VOISIN.

Pas tout-à-fait ; mon rapport sera plus complet que le sien, et il vous coûtera moins. Je vous assure, mon cher voisin, que ces journaux ne vous promettent rien de bon. Jugez-en vous-même. Ils donnèrent, ces jours derniers, la liste de tous les ministres, ils tranchaient le mot, de tous les *favoris* qui ont fini d'une manière peu agréable, qui sont tous morts très-bien portans hors de leurs lits, et sans l'assistance du médecin.

LE MINISTRE.

Sont-ils en grand nombre?

LE VOISIN.

La litanie est longue, et elle vous offrirait le sujet de très-graves méditations ; car vous méditez quelquefois.

LE MINISTRE.

Je n'en ai pas le tems; mais j'ai quelqu'un qui médite pour moi; et, c'est singulier, il ne m'a dit un mot de tout cela.

LE VOISIN.

Je le crois. Vous êtes ministre; on vous flatte, puis on craint de vous donner des idées noires. Vous payez mieux quand vous êtes en bonne humeur. Ce n'est pas tout : ces journaux s'arrêtaient avec une complaisance que vous apprécierez, car vous avez du tact, sur un de ces ministres, je ne veux plus dire favoris, nommé Gaveston, homme aimable, mais.... mais un peu trop infatué de sa fortune. Le connaissez-vous?

LE MINISTRE.

J'en entends parler pour la première fois.

LE VOISIN.

Ce Gaveston, remarquaient-ils fort malignement, était *Gascon.*

LE MINISTRE.

Gascon?

LE VOISIN.

Gascon et demi; il était, disaient-ils, de Libourne.

LE MINISTRE.

De Libourne ?

LE VOISIN.

De Libourne même ; c'est pourquoi je croyais que vous le connaissiez.

LE MINISTRE.

Et dans quel dessein faisaient-ils tous ces rapprochemens ?

LE VOISIN.

Je vous le demande ; la chose parle toute seule et même très-éloquemment.

LE MINISTRE.

Vous m'effrayez.

LE VOISIN.

Je l'avais prévu ; vous n'êtes pas très-brave ; tant mieux ; tremblez bien fort ; votre salut est là, car la peur vous empêchera de faire une sottise de plus, qui serait la dernière ; voisin, songez-y. Quel est donc votre maître de politique ? Quel qu'il soit, dites-lui de ma part qu'il est un sot. N'aurait-il pas dû vous apprendre, avant tout, à juger votre position, vous, le libéral voisin?

LE MINISTRE.

Et pourquoi pas?

LE VOISIN.

Vous ne pouvez plus l'être; il est trop tard.

LE MINISTRE.

Ma place serait-elle un obstacle?

LE VOISIN.

Votre place n'est qu'un accident; vous êtes aujourd'hui ministre, c'est bien. Vous ne le serez plus demain, ce sera encore mieux; mais, ministre ou non, on ne voudra jamais voir en vous un vrai libéral.

LE MINISTRE.

La raison, s'il vous plaît?

LE VOISIN.

La raison, j'en ai cinquante. D'abord n'êtes-vous pas comte?

LE MINISTRE.

Certainement, je suis comte.

LE VOISIN.

Ah ! vous êtes comte ; je vous en fais mon compliment ; n'avez-vous pas, je ne sais où, un duché ?

LE MINISTRE.

Fort joli, que j'arrondirai.

LE VOISIN.

Ah ! vous êtes duc ; je suis bien aise de l'apprendre. N'auriez-vous pas encore par dessus tout cela une pairie ?

LE MINISTRE.

Je fais des pairs à volonté ; c'est bien le moins que je le sois.

LE VOISIN.

Je vous tiens maintenant. Eh bien ! M. le comte, duc et pair, vous nous serez toujours suspect ; et, quoi que vous puissiez dire et faire, nous ne verrons en vous qu'un aristocrate. Demandez plutôt au jeune duc de *** ; il a voulu aussi être libéral, et il peut vous dire comment cela lui a réussi. Tout en lui offusquait nos frères, qui croyaient voir, même dans sa manière de tousser et de moucher, je ne sais quoi d'aristocratique et de féodal. Il n'y avait pas jusqu'à son petit lorgnon, sans doute bien innocent, qui ne fût taxé d'impertinence. Les libéraux prétendent, d'ailleurs, que dans le siècle des lumières on ne doit pas porter des lunettes.

LE MINISTRE.

Cet exemple ne prouve rien et vous êtes très-mal instruit, car il y a chez les libéraux des comtes, des ducs, des princes, voire des marquis.

LE VOISIN.

Oui ; il y a même des rois, j'entends des rois en retraite, qui attendent qu'on les mette en activité. Je sais tout cela, voisin ; mais ne confondons rien. Ces comtes, ces ducs et ces princes, si vous voulez, datent, remarquez ceci, d'une époque qui n'est pas la vôtre. Étiez-vous au pont d'Arcole, vous ? Etiez-vous aux Pyramides, à Iéna, à Austerlitz, à Friedland ? Avez-vous contribué à l'une de nos victoires, quand nous en remportions *deux par jour ?* Enfin, étiez-vous un de nos braves, un de nos héros ? Je ne vous ai même jamais vu de moustaches.

LE MINISTRE.

J'ai servi comme capitaine dans la garde nationale.

LE VOISIN.

Cela ne compte pas ; et d'ailleurs on sait que
vous n'avez pas tardé à vous faire remplacer.
Etiez-vous à la butte Saint-Chaumont, à Mont-
martre, où je me serais trouvé, moi, si j'avais
voulu les en croire? Ma remarque subsiste : vos
brevets de comte, de duc, de pair, etc., ne sont
pas de ceux qu'on entérine au parlement des libéraux, où le premier baron chrétien ne vaut
pas même le baron Louis.

LE MINISTRE.

Ce dernier est-il plus guerrier que moi?

LE VOISIN.

Non ; pendant qu'on se battait, il chiffrait
et liquidait ; mais c'est un baron du bon tems.
Or, persuadez-vous bien que tout ce qui a
été fait depuis comme tout ce qui a été fait
avant ce bon tems-là, a une tache originelle
qu'il est très-difficile, pour ne pas dire impos-

sible, de faire entièrement disparaître ; c'est pure féodalité. Le voisin oublie qu'il est légitime, et que cela le raie de nos tablettes. Dieu vous bénisse, mon cher, on n'a rien à vous donner.

LE MINISTRE.

Vous pourriez bien avoir raison.

LE VOISIN.

Hein! qu'en pensez-vous? Tout est clair ici, tout est positif. Il n'y a pas de doctrines dans mon affaire..... J'ai encore quelque chose à vous dire : votre fortune.....

LE MINISTRE.

N'est pas très-considérable.

LE VOISIN.

Elle est honnête! vous ne vous êtes pas ruiné au service du roi; et, entre nous, vous avez bien fait. On vous cite, voisin, parmi les grands financiers du royaume ; vous avez de bonnes terres labourables, de grasses prairies, de fort belles futaies. Il n'y a pas de mal à cela : M. d'Otrante,

qui vous a précédé à la police, n'y a pas non
plus mangé son fait ; mais dans vos terres et dans
vos futaies on ne trouve pas un pouce de bien
national ou *conquis*, ainsi qu'ils disent aujour-
d'hui. C'est, je vous en avertis, une très-mau-
vaise note.

LE MINISTRE.

Vous pensez?

LE VOISIN.

Une note exécrable et indélébile ! vous pouvez
m'en croire ; je ne suis pas de la police, moi ; je
sais quelque chose..... Puis, voisin, s'arrête-
t-on où l'on veut en révolution ? Les libéraux
de 1820 respectent les propriétés ; ils en ont ;
mais, répondez-vous et peuvent-ils répondre
eux-mêmes que les libéraux de 1820 et tant,
qui n'en auront pas, consentiront volontiers à
s'en passer ? Voisin, paix aux chaumières ! et
vous êtes seigneur châtelain, l'un des gros ter-
riens du royaume.

LE MINISTRE.

Vos observations me donnent à penser.

LE VOISIN.

Et votre mariage donc?

LE MINISTRE.

Qu'y trouvez-vous à redire?

LE VOISIN.

Moi? rien; il me paraît très-sortable : si les *Cazes* sont bons, les *Nasseau* ne sont pas mauvais; mais cette alliance, qui seule suffirait pour faire de vous, malgré vous, un énorme aristocrate, n'est pas un gage donné au libéralisme. Aussi les libéraux en ont jasé et en jasent encore. Il fallait, voisin, prendre femme chez nous; et ce baptême enfin, ce baptême du petit duc, quels propos n'a-t-il pas fait tenir? Voisin, vous visez haut : votre collègue, M. Gouvion, a choisi, la remarque en a été faite, un de ses voisins pour compère; et vous, Monseigneur, quoique nous soyons logés porte à porte, vous ne m'avez pas même donné de dragées, ce qui est malhonnête. Tenez, voisin, il y a dans votre cas une foule de circonstances qui, libéralement parlant, le rendent pendable. Or, je soupçonne que vous ne voulez pas être.....

LE MINISTRE.

Non certainement , je ne veux pas l'être.

LE VOISIN.

Cela me fait plaisir. Vous ne vous livrerez donc pas, pieds et poings liés, à vos ennemis naturels ?

LE MINISTRE.

Je m'en garderai bien.

LE VOISIN.

Voyez ; dépêchez-vous, le mal presse.

LE MINISTRE.

Que me conseillez-vous de faire ?

LE VOISIN.

Je pourrai vous dire cela une autre fois ; mais, en attendant, faites votre charge et ne souffrez pas plus long-tems qu'on pique nos dames..... Adieu, voisin ; vous êtes toujours bien malade.

— N° XXV. —

LES ADIEUX DU VOISIN.

SUITE.

—

LE VOISIN.

Le moment décisif est arrivé. Voisin, il faut en découdre.

LE MINISTRE.

J'ai envie de remettre la partie et d'attendre encore un an.

LE VOISIN.

Vous n'oseriez.

LE MINISTRE.

Le danger qui menace la dynastie est donc bien imminent?

LE VOISIN.

Eh! qui vous parle de la dynastie? Il est,

j'en conviens, très-heureux pour cette dynastie
que vous ne puissiez plus vous sauver qu'avec
elle, et je lui permets de profiter de cette circonstance ; mais un intérêt plus cher m'occupe
aujourd'hui : voisin, je songe à vous.

LE MINISTRE.

J'y songe aussi.

LE VOISIN.

Prouvez-le.

LE MINISTRE.

La loi des élections est-elle donc aussi mauvaise qu'on veut me le faire croire ?

LE VOISIN.

Elle est parfaite, cette loi. Le moyen d'en
douter, après tout ce que vous avez dit en sa
faveur ? mais, si parfaite qu'elle soit, je vous
porte le défi de vous en servir encore une fois ;
elle vous tuerait. Voisin, je vous en conjure ; ne
souffrez pas que ce malheur vous arrive. De
grâce, consentez à vivre... et à vivre ministre.

LE MINISTRE.

Vraiment, je ne demande pas mieux ; mais je
ne vois pas encore.....

LE VOISIN.

Quoi! vous ne voyez pas cinquante libéraux sortir, en 1820, de l'urne électorale, armés de pied en cap...? Qu'avez-vous donc, voisin? Rassurez-vous; ceux-là ne sont pas encore dans la chambre.

LE MINISTRE.

Et quand ils y seraient, que feraient-ils?

LE VOISIN.

Tout ce qu'ils voudraient. Cent dix et cinquante, combien cela fait-il suivant Barême?

LE MINISTRE.

On saurait les mettre à la raison... Je casserais cette chambre rebelle.

LE VOISIN.

Une autre arriverait plus menaçante encore et plus terrible.

LE MINISTRE.

Et si je l'arrêtais en route?

LE VOISIN.

Comme vous y allez, voisin! On a raison de dire qu'il n'est chère que de vilain..... Voyons donc. Tâtez-vous. Avez-vous les reins assez forts.....? Non, non. Il vous faut donc une chambre ?

LE MINISTRE.

Cependant on s'en est bien passé avant moi.

LE VOISIN.

Bonaparte, il est vrai, n'en avait conservé que le simulacre.

LE MINISTRE.

Hé bien !

LE VOISIN.

Taisez-vous donc... C'était Bonaparte. Cinq cent mille baïonnettes bien aiguisées et libérales, comme on l'était dans ce tems-là, lui répondaient de l'amour des peuples et surtout de leur obéissance. C'était Bonaparte; il avait gagné, ou l'on avait gagné pour lui, je ne sais combien de batailles. Enfin, sa gloire, que nous appécions, nous autres philosophes du quai Malaquais, éblouissait le vulgaire ; la vôtre, voisin, a un éclat plus doux; elle n'éblouit personne. Donc les moyens violens vous réussiraient mal.

LE MINISTRE.

Mon caractère les repousse.

LE VOISIN.

Si cependant.... Dites-moi, voisin, montez-vous à cheval quelquefois?

LE MINISTRE.

Assez souvent pour ma santé.

LE VOISIN.

Pour sa santé! Vous n'en tombez jamais?

LE MINISTRE.

Peut-être une fois sur deux. Mais à quoi bon toutes ces questions?

LE VOISIN.

Écoutez, voisin. Dans ce pays-ci, un homme qui monte à cheval et qui est ferme sur les étriers, tient lieu de constitution. Nous l'avons vu. Mais ne parlons plus de cela... Il vous faut une chambre à vous; tâchez donc qu'elle soit bonne, et songez que le tems vous presse; vous ne pouvez plus reculer; l'ennemi s'avance; il faut combattre, et sans délai.

LE MINISTRE.

Demain, aujourd'hui, à l'heure même, si l'on veut. Je suis prêt.

LE VOISIN.

Bravo, voisin ! Les héros d'Homère ne disent pas mieux ; c'est de l'Ajax tout pur. Avouez,
cependant, mon cher Ajax, que vous n'êtes pas
sans inquiétudes ; mais je vous dirai, pour vous
réconforter un peu, que les libéraux ont aussi
les leurs.

LE MINISTRE.

Si je le savais, je serais bien plus hardi. J'at-
taquerais tout de suite.

LE VOISIN.

Un instant. Avez-vous, en général habile,
pris toutes les informations nécessaires sur les
forces de l'ennemi ?

LE MINISTRE.

Oui. B...., ces jours derniers, est allé faire
une reconnaissance.

LE VOISIN.

Et qu'a-t-il vu ?

LE MINISTRE.

Une armée nombreuse, et surtout bien disci-
plinée.

LE VOISIN.

Passons maintenant la vôtre en revue.

LE MINISTRE.

La mienne ?..... Où sont-ils donc ? Hélas ! je n'ai plus d'armée.

LE VOISIN.

Quoi ! ce centre, cette phalange macédonienne.....

LE MINISTRE.

Les libéraux ont débauché mes Macédoniens.

LE VOISIN.

Est-ce sans espoir de retour ? Parlez aux transfuges. Ils reconnaîtront, j'en suis sûr, la voix de leur ministre.

LE MINISTRE.

Dans ce siècle pervers, les estomacs sont sans reconnaissance.

LE VOISIN.

Il me semble cependant que quelques promesses d'avancement, quelques engagemens pris à propos..... Que sais-je moi ? N'avez-vous pas, vous autres ministres, mille petits moyens honnêtes de rappeler à vous ceux qui vous abandonnent ?

LE MINISTRE.

Et quand ils reviendraient tous, je n'en aurais pas encore assez!

LE VOISIN.

Cela étant, voisin, votre cas me fait compassion, et je vous vois, mon cher, dans un grand embarras.

LE MINISTRE.

Très-grand, je vous assure. Pourquoi donc les royalistes ne viennent-ils pas m'en tirer? Avec eux, je serais encore le plus fort.

LE VOISIN.

Dites un mot, voisin, je vais les chercher.

LE MINISTRE.

Oui, allez... Non, restez, attendons encore.

LE VOISIN.

A force d'attendre vous périrez. Il paraît que vous craignez encore plus le remède que le mal. Suivez donc vos Macédoniens et passez aux libéraux.

LE MINISTRE.

Aux libéraux? je n'ai garde, ils me feraient... C'est vous-même qui me l'avez appris.

LE VOISIN.

Venez donc aux royalistes.

LE MINISTRE.

Aux royalistes? en effet, c'est une nécessité : mais elle est bien dure.

LE VOISIN.

Courage, voisin, un peu de honte est bientôt passé.

LE MINISTRE.

Les royalistes oublieront-ils.....

LE VOISIN.

Ils ont tout oublié, et seuls ils peuvent vous sauver.

LE MINISTRE.

Qu'ils me sauvent donc, je vais siéger au centre droit.

LE VOISIN.

Un pas de plus, voisin.... Allons.... Laissez-vous faire.

LE MINISTRE.

Ne me poussez donc pas si fort, vous allez me jeter sur M. de la Bourdonnaye.

· LE VOISIN.

Je vous ménage, placez-vous entre M. de Villèle et M. Corbière : y êtes-vous?

LE MINISTRE.

J'y suis... Qui l'aurait deviné? Je ne croyais pas finir par là... J'y mets une condition, du moins, je veux rester ministre !

LE VOISIN.

Vous resterez ministre?

LE MINISTRE.

Toujours.

LE VOISIN.

Eternellement ; est-ce qu'on peut se passer de vous? Que deviendrait la France ?

LE MINISTRE.

Alors on me donnera volontiers, sur mon éternité ministérielle, un léger à-compte de cinq ans.

LE VOISIN.

Non pas, voisin, renoncez, croyez-moi, à certain projet... vous savez bien que la charte...

LE MINISTRE.

La charte! la charte! les royalistes ne parlent
plus que de la charte.

LE VOISIN.

Chacun a son tour, voisin.

LE MINISTRE.

Mais est-elle donc sans défauts, cette charte?

LE VOISIN.

Sans défauts? elle? qui vous dit cela? On en
a essayé, l'année dernière, deux ou trois en Al-
lemagne, qui, à mon avis, valaient mieux qu'elle.
Je trouve dans ce chef-d'œuvre bien des obscu-
rités; tel article offre une énigme indéchiffrable,
tel autre... Mais la voilà, cette charte; il faut
la garder et bien vivre avec elle, puisque nous
l'avons épousée. Et, d'ailleurs, vous ne la connaissez donc pas? Elle est d'une complaisance
charmante; elle se prête à tout. Vous avez fait la
sottise de lui demander une mauvaise loi des
élections, elle vous l'a donnée; demandez-lui en
aujourd'hui une bonne, elle vous la donnera tout
aussi volontiers.

LE MINISTRE.

Mais, avec cette bonne loi, serai-je sûr d'ê-

tre toujours ministre? car c'est là le point important pour moi.

LE VOISIN.

Et pour tout le monde. Oui, vous serez ministre ; c'est une conséquence rigoureuse....

LE MINISTRE.

Tenez, je ne sens pas comme vous la rigueur
de la conséquence.

LE VOISIN.

Mais, avec une bonne loi d'élections, n'aurez-
vous pas une bonne chambre de députés?

LE MINISTRE.

Mais, d'abord, qu'entendez-vous par une
bonne chambre? Je crains qu'il n'y ait ici quelque
équivoque.

LE VOISIN.

Il me semble que, cette année surtout, les
chambres anglaises sont assez bonnes ; et je crois
que si lord Castelereagh voulait troquer ses
chambres contre les vôtres...

LE MINISTRE.

Je lui donnerais du retour.

LE VOISIN.

Et vous feriez bien : j'appelle donc une bonne

chambre, celle où le ministre a toujours la majorité, et une majorité respectable. Mais peut-être que je me trompe.

LE MINISTRE.

Non ; vous êtes dans les vrais principes..... Quant à l'opposition, on pourrait bien s'en passer.

LE VOISIN.

Jamais, voisin, jamais : c'est là que gît tout l'intérêt du drame constitutionnel. Je vous défie de jouer le gouvernement représentatif d'une manière un peu satisfaisante, si vous n'avez pas une opposition. La-pièce ferait bâiller les spectateurs, et quand on bâille en France, tout est à craindre ; la révolution n'est pas loin.

LE MINISTRE.

Est-ce qu'on bâillait sous Bonaparte? et cependant il n'y avait pas d'opposition.

LE VOISIN.

Est-ce qu'on pouvait bâiller et dormir avec lui ? il vous réveillait tous les matins à coups de canon ; puis arrivait le bulletin avec ses contes... Trente mille hommes étendus sur la neige... C'était agréable. Mais vous, voisin, vous n'avez ni

canons, ni bulletins ; vous n'êtes pas fort, soyez
adroit... Revenons à nos moutons : vos députés seront bons si votre loi est bonne ; avance-t-elle ?

LE MINISTRE.

Pasquier lui donne le dernier coup de pinceau ;
il ne faut pas cependant qu'elle soit trop bonne :
les royalistes arriveraient en foule, et.... Je veux
toujours être ministre, entendez-vous ?

LE VOISIN.

Parfaitement : le métier est bon ; on s'y aco-
quine. Mais, qu'avez-vous à craindre, voisin ?
Oui, sans doute, si votre loi est ce qu'elle doit
être, ce que votre intérêt veut qu'elle soit, il y
aura beaucoup de royalistes dans la chambre ;
mais vous serez aussi royaliste qu'eux, et ils seront bien attrapés : qu'en dites-vous ?

LE MINISTRE.

Et mon centre ?

LE VOISIN.

Il vous reviendra quand vous aurez pris un
parti rigoureux, et qu'il saura, enfin, sur quoi
il peut compter ; mais, point d'étourderie. Craignez de perdre, par défaut de forme, un procès

dont le fond est excellent. N'aviez-vous pas d'autres changemens à faire?

LE MINISTRE.

Je voulais, pour leur être agréable, doubler la chambre des députés.

LE VOISIN.

A quoi bon? Si vous avez besoin de distraction, amusez-vous à faire des pairs : c'est cela qui nous manque.

LE MINISTRE.

On aurait pu être député à trente ans, et si on m'avait pressé bien fort, à vingt-cinq.

LE VOISIN.

Pourquoi pas à vingt-un? Vous aviez là, voisin, une bien heureuse idée. J'ai remarqué, en effet, que l'expérience va aujourd'hui en descendant : ces vieillards de quarante ans radotent à faire pitié.

LE MINISTRE.

N'en parlons plus; je ne faisais ces concessions qu'en échange d'un projet que j'avais à cœur. Mais, puisqu'ils ne veulent pas avaler ma pilule, je n'ai plus besoin de la dorer.

LE VOISIN.

Voisin, respect à la charte !

LE MINISTRE.

Je n'y conçois rien : ils disent tous qu'ils aiment la charte.

LE VOISIN.

Aimer est trop faible ; nous l'adorons.

LE MINISTRE.

Ils l'adorent ; mais chacun voudrait en retrancher quelque chose ; tel article déplaît à celui-là ; et si l'on contentait tous les adorateurs passionnés de la charte, il ne resterait de cette charte que le préambule tout au plus.

LE VOISIN.

C'est la fable du vieillard et de ses deux maîtresses.

LE MINISTRE.

Et tous se réunissent pour me lapider quand je demande la suppression d'un misérable petit article d'une ligne et demie.

LE VOISIN.

Jeune adolescent politique, cela vous confond ; vous ne voyez donc pas que la charte, étant pour tous une position très-favorable, chacun veut l'occuper afin de combattre avec plus d'avantage?

LE MINISTRE.

Je le vois, et j'agirai en conséquence. Je voudrais maintenant vous consulter sur une autre affaire.

LE VOISIN.

Sur les piqûres, sans doute ?

LE MINISTRE.

Sur la liberté de la presse, qui me pique cruellement tous les matins.

LE VOISIN.

Question épineuse! Cette liberté est dans la charte.

LE MINISTRE.

Oui, elle y est, mais je voudrais qu'elle existât et que cependant.....

LE VOISIN.

On ne dît rien qui vous fût désagréable; cela est difficile, très-difficile. J'y réfléchirai, voisin, et, si je puis trouver un moyen de concilier la liberté d'écrire et de parler, avec l'obligation de se taire, je ne manquerai pas de vous en faire part; c'est, je crois, ce que vous demandez.

LE MINISTRE.

Précisément.

LE VOISIN.

On y songera; mais, voisin, plus de bascule, plus de milieu; promettez d'être constamment royaliste.

LE MINISTRE.

Je le jure.

LE VOISIN.

Levez la main..... Bien..... Décidément cet homme est à nous; on peut maintenant compter sur lui; il est impossible qu'il nous échappe.

LE MINISTRE.

J'aurais mieux fait, je crois, de rester libéral.

LE VOISIN.

Allons, voilà qu'il retombe dans sa maladie. Malheureux, prenez-y garde, une rechute serait mortelle... Adieu, voisin; mes hommages à ces dames.

LES ADIEUX DU VOISIN.

SUITE.

—

LE MINISTRE.

Vous savez ce que vous m'avez promis?

LE VOISIN.

Ce que je promets, je le tiens toujours, moi :
et il y a plus d'un ministre...

LE MINISTRE.

Point de vains préliminaires : abordons de
suite une question qui est pour moi du plus haut
intérêt. La liberté de la presse m'empêche de fermer l'œil : faites que je dorme.

LE VOISIN.

Je l'ai déjà dit, voisin : la liberté de la presse

est dans la charte ; nous aurons beaucoup de peine à l'en retirer, sans qu'on s'en aperçoive. Et, d'ailleurs, toute discussion est aujourd'hui bien inutile.

LE MINISTRE.

Pourquoi, s'il vous plaît ?

LE VOISIN.

J'ai une mauvaise nouvelle à vous apprendre.

LE MINISTRE.

Quelle nouvelle ?

LE VOISIN.

Aurez-vous assez de philosophie ?

LE MINISTRE.

J'en ai de reste ; parlez !

LE VOISIN.

Sachez donc... C'est votre faute aussi, voi-sin : vous n'avez rien fait de ce que je vous ai conseillé de faire. J'ai un voisin bien entêté.

LE MINISTRE.

Va-t-il s'expliquer, enfin ?

LE VOISIN.

J'apprends, il y a un mois, que le voisin est

malade, dangereusement malade; j'accours, je lui prodigue mes soins, et, après avoir bien étudié le caractère de sa maladie, j'entreprends de la guérir; mais il méprise mes conseils! Il n'exécute aucune de mes ordonnances! Il...

LE MINISTRE.

Docteur malencontreux, à quoi bon tout ce verbiage?

LE VOISIN.

Ne vous échauffez pas, nous arriverons. Dites-moi, voisin, combien, depuis que vous régnez en France, avez-vous enterré de ministres?

LE MINISTRE.

Dix, douze, quinze; est-ce que je compte les ministres que j'enterre?

LE VOISIN.

C'est comme moi mes malades. Eh bien! ces ministres que vous avez enterrés sans les compter, vous ne tarderez pas à les rejoindre. Ce n'est plus une vaine menace : vos destins ministériels sont accomplis, voisin : il faut partir.

LE MINISTRE.

Je ne partirai pas.

LE VOISIN.

Vous partirez ; et, croyez-moi, pas tant de
façon. Faites les choses d'une manière aimable ;
votre chute est certaine : tombez au moins avec
grâce, la galerie vous en saura gré.

LE MINISTRE.

Suis-je donc sans appui ?

LE VOISIN.

Je ne vous en connais plus.

LE MINISTRE.

Vous deviez intéresser les royalistes en ma faveur, les avez-vous vus ?

LE VOISIN.

Je les ai vus.

LE MINISTRE.

Et que leur avez-vous dit ?

LE VOISIN.

Je leur ai dit : « Sauvez le voisin, il a grand
besoin de vous. »

LE MINISTRE.

Et qu'ont-ils répondu ?

LE VOISIN.

« Que le voisin se sauve comme il l'entendra :

nous savons qu'il aime encore mieux être perdu
par nos ennemis, que d'être sauvé par nous. »

LE MINISTRE.

Et vous n'avez pas répliqué?

LE VOISIN.

Si, vraiment. Soyez tranquille, vous avez en moi
un bon avocat. « Il faut, leur ai-je dit, pardonner
quelque chose à la jeunesse, et le voisin était si
jeune quand on le fit ministre! Mais je vous assure qu'il est bien changé à son avantage : vous
ne le reconnaîtriez pas. Je conviens que, sur son
affaire, il n'en sait pas plus que le premier jour;
mais il a de bonnes intentions. »

LE MINISTRE.

Les royalistes le croient-ils?

LE VOISIN.

Non; ils veulent des garanties : vous avez si
souvent, disent-ils, manqué à vos promesses!

LE MINISTRE.

On promet tout dans les circonstances difficiles, et c'est ainsi qu'on se sauve.

LE VOISIN.

Courage, voisin! Rusez encore; *mazarinez*,

cela vous réussira. Je vous avais pourtant bien averti que le côté droit pouvait seul vous sauver, et qu'il fallait agir franchement avec lui ; mais peut-être doutez-vous de sa générosité?

LE MINISTRE.

Elle m'offense. C'est un pardon que m'offrent les royalistes!... Un pardon!...

LE VOISIN.

Ne soyez pas si fier : acceptez-le bien vite. Un condamné qui obtient sa grâce marchande-t-il sur les conditions?

LE MINISTRE.

Je ferai un appel à mes anciens amis , et peut-être me suffiront-ils.

LE VOISIN.

Vous savez le contraire ; et, au reste , je les ai vus, vos anciens amis , vos *ventrus*, puisqu'on les appelle ainsi.

LE MINISTRE.

Vous avez donc vu bien du monde?

LE VOISIN.

J'ai vu l'univers. Je cours depuis huit jours,

dans le dessein de vous servir, et par un tems affreux, à ne pas mettre un ministériel à la porte. Mais il s'agissait des intérêts du voisin, et que ne fait-on pas quand le cœur vous pousse! J'ai donc vu vos vieux amis, et je n'ai pas manqué de leur rappeler les solides bienfaits dont vous les avez comblés, eux, leurs femmes, leurs enfans et leurs petits-cousins. Comptez, leur ai-je dit, afin d'émouvoir leur sensibilité, comptez, si vous le pouvez, tous les bureaux de tabac, tous les bureaux de timbre que vous devez à sa bienveillance; comptez...

LE MINISTRE.

Et vous les avez sans doute bien fortement émus?

LE VOISIN.

Au delà de tout ce que vous pouvez imaginer; car à peine avais-je prononcé ces mots : « Sauvez votre bienfaiteur, prêt à périr, » qu'ils se mirent à courir à toutes jambes en criant : *Sauve qui peut!* Voisin, comptez sur eux.

LE MINISTRE.

Et où sont-ils donc?

LE VOISIN.

Le sais-je moi ? Probablement chez votre successeur ; mais il y a dans cette affaire un mystère que je ne puis pénétrer. Qu'avez-vous donc fait, voisin, pour être ainsi abandonné de Dieu et des hommes ? Il faut que vous ayez commis un crime abominable que j'ignore. Tout le monde s'éloigne de vous avec horreur. Seriez-vous donc la fièvre jaune, ou le *vomito negro ?* Dans tous les cas, on a besoin aujourd'hui d'un courage héroïque pour s'avouer publiquement votre ami.

LE MINISTRE.

Ils me trahissent, et tous les jours ils dînent chez moi. Hier encore.

LE VOISIN.

L'un n'empêche pas l'autre. C'est aujourd'hui un point reconnu que, la digestion une fois faite, on peut, en toute sûreté de conscience, trahir l'Amphytrion.

LE MINISTRE.

A qui le dites-vous ?

LE VOISIN.

On dîne où la cuisine est bonne ; et chez vous,

voisin, elle est parfaite. C'est une justice que tous les partis vous rendent ; mais on vote là où est la force, là où est la confiance : or, quelle force vous reste encore ? quelle confiance inspi-rez-vous ? et vous exigez de la fidélité! On sera fidèle à votre table, tant qu'elle sera bien servie ; mais n'ayez pas la simplicité de croire qu'un dîner, même suivi de cent autres, soit un engagement sérieux. Les affaires de l'estomac se traitent à part depuis un mois. Pourquoi êtes-vous le plus faible? Pourquoi menacez-vous ruine ?

LE MINISTRE.

Voilà des doctrines.

LE VOISIN.

C'est une règle générale, et, lorsque de grands ministres l'ont subie, vous avez peut-être cru, mon petit monsieur, qu'on ferait une exception en votre faveur? Mais, à propos de doctrines, j'ai vu aussi vos doctrinaires.

LE MINISTRE.

Vous avez donc pu les trouver ?

LE VOISIN.

Ce n'a pas été sans peine. Personne ne les

connaît. Je suis cependant venu à bout d'en joindre cinq, et l'on m'a dit que c'était tout ; est-il vrai ?

LE MINISTRE.

Oui, et ils me coûtent autant que cinq cents.

LE VOISIN.

Vraiment, je le conçois. Des métaphysiciens, des idéologues ; cela se vend bien , et d'autant mieux qu'on ne sait jamais au juste ce que cela vaut.

LE MINISTRE.

Vous avez donc vu mes doctrinaires ? et que leur avez-vous dit, à eux ?

LE VOISIN.

« Sauvez-le donc ; il y va de votre honneur, car l'état où il se trouve réduit est votre ouvrage. C'est votre absurde *milieu* qui l'a perdu. » Ai-je bien dit, voisin ? qu'en pensez-vous ?

LE MINISTRE.

Et, quelle réponse vous ont-ils faite ?

LE VOISIN.

Je veux être moi-même doctrinaire, si je l'ai comprise. Vous entendiez donc ces gens-là, vous, voisin? Je vous en fais mon compliment. Vous avez l'esprit subtil. Je crois, au reste, qu'ils sont fort peu touchés de votre disgrâce; ces philosophes ont le cœur dur. Que cent ministres, écoutez ceci, voisin, que cent ministres, disent-ils, tombent les uns sur les autres comme des capucins de cartes, c'est un accident de peu d'importance, car ce qu'il importe de sauver, ce ne sont pas les ministres, ce sont les doctrines et surtout les doctrinaires. Cela, au moins, m'a paru clair.

LE MINISTRE.

Et l'est en effet; j'en suis encore pour mon argent.

LE VOISIN.

Il fallait vous y attendre. Maintenant, voisin, dites-moi ce que je puis faire de plus pour votre service.

LE MINISTRE.

Avez-vous vu les libéraux?

LE VOISIN.

Les libéraux? Je m'en suis bien gardé; vous savez bien, voisin, qu'il n'y a rien à faire par là. Ne sont-ce pas des dupes que nous cherchons?

C'était principalement sur les royalistes que j'avais compté ; mais eux-mêmes ne se laisseront plus tromper aussi facilement... Il n'y a plus d'enfans. Conclusion : Il faut, voisin, que vous battiez en retraite, et, croyez-moi, ne vous faites pas tirer l'oreille.

LE MINISTRE.

Je resterai là, et je sauverai la France.

LE VOISIN.

Voisin, je vous en conjure, ne la sauvez plus.

LE MINISTRE.

L'un de nous deux est fou.

LE VOISIN.

Veuillez donc m'entendre. Vous avez sauvé la France une première fois, en 1816, si j'ai bonne mémoire.

LE MINISTRE.

Vous dites vrai, je l'ai sauvée alors.

LE VOISIN.

La France s'en est très-mal trouvée. Vous l'avez sauvée une seconde fois l'année dernière.

LE MINISTRE.

Cela est exact ; je l'ai sauvée il y a un an à pareil jour.

LE VOISIN.

Depuis ce tems-là elle est à l'extrémité : donc, si vous la sauvez une troisième fois, c'en est fait d'elle et de nous. Voisin, de grâce, ne la sauvez plus ! Faut-il me jeter à vos genoux ? m'y voilà ; mais ne sauvez plus la France, car il n'y aurait plus de France. Prenez plutôt une bonne ambassade, qui vous mettra hors de la bagarre. Et je ne vois pas ce qui vous arrête ; que perdrez-vous donc en quittant le ministère ?

LE MINISTRE.

Tout : le pouvoir.

LE VOISIN.

Le pouvoir ? Où est-il donc ? Je le cherche et ne l'aperçois plus.

LE MINISTRE.

Et voilà les fruits heureux de la liberté de la presse. Le mal vous est connu, et je vous avais invité à chercher le remède.

LE VOISIN.

Une nouvelle loi d'exception vous serait-elle agréable?

LE MINISTRE.

Très-agréable. Donnez-la moi.

LE VOISIN.

Eh! qu'en feriez-vous? qu'avez-vous fait de l'autre? Les royalistes le savent. Ils ont vu les hommes dont ils révèrent le plus le talent et le caractère, indignement outragés dans les pamphlets que vous devez bien connaître, puisque c'est vous qui les avez payés.

LE MINISTRE.

. Qui n'a pas ses momens d'humeur?

LE VOISIN.

Vos momens d'humeur, voisin, sont un peu longs; ils durent des années entières. Quel avantage, après tout, en avez-vous retiré? Vous faites une triste figure depuis qu'on peut vous répondre et régler à la fois le courant et l'arriéré? Vous aviez dit : Je dirigerai l'opinion, et voilà comme l'opinion vous a fait. Regardez-vous donc? Est-il beau, le voisin!

LE MINISTRE.

Courage!... et vous aussi.

LE VOISIN.

Je vous ai soutenu de mon mieux, mais mon zèle devenant inutile, j'imite le chien de la fable, car il faut que j'aie aussi mon lopin.

LE MINISTRE.

Quelle ingratitude ! « Ils abusent contre le » pouvoir d'une loi où le pouvoir s'est désarmé. »

LE VOISIN.

Dans quel intérêt s'est-il donc désarmé?

LE MINISTRE.

Cela va sans dire : dans l'intérêt de la liberté.

LE VOISIN.

Comme si la liberté pouvait exister sans une puissance publique assez forte, assez imposante pour en réprimer les abus! Voisin, vous venez de prononcer votre arrêt. Sentinelle ou endormie, ou sans courage, vous avez laissé désarmer le pouvoir confié à votre garde. Trouvez donc bon qu'on vous relève de faction. J'en suis fâché, voisin. Je voudrais de tout mon cœur vous tirer de peine, car j'aime votre ministère autant qu'un autre. Il est drôle, mais...

LE MINISTRE.

Je demande quinze jours de répit; on ne sait pas ce que je prépare. Mes projets sont tels que les royalistes ne pourront pas s'empêcher de les approuver, voire M. de la Bourdonnaye.

LE VOISIN.

Si le côté droit, au jour du combat, est seulement affligé d'une douzaine de catharres, maladie de la saison, la majorité vous échappe, tant l'opposition de gauche est imposante! Or, lorsque les ministres sont à l'agonie, il est bien permis aux députés d'être enrhumés. Avez-vous mûrement pesé cette considération?

LE MINISTRE.

J'ai tout prévu.

LE VOISIN.

Vous avez d'autre part beaucoup de peine à contenir les libéraux. Tout pour eux est dans la loi des élections. Ils vont crier, et ils crient déjà à la violation des principes.

LE MINISTRE.

S'ils crient trop fort, je doublerai la gendarmerie.

LE VOISIN.

Les pétitions vont pleuvoir. Déjà vous en avez reçu du Mans et des environs trois pleines bourriches, et il vous en arrivera bien d'autres.

LE MINISTRE.

J'en ferai des papillotes.

LE VOISIN.

A la bonne heure ; c'est s'y entendre, et puisque vous êtes, voisin, dans de si bonnes dispositions, je vous donne la quinzaine. Profitez-en.

LE MINISTRE.

Vous ne m'abandonnez donc pas encore ?

LE VOISIN.

Ce sont toujours mes malades qui me quittent les premiers. Adieu, voisin, et *bonne année ;* mais marchez droit, petit Mazarin, marchez droit, SINON.....

FIN DU PREMIER VOLUME.

TABLE.

—

FIN DE LA TABLE DU PREMIER VOLUME.

www.ingramcontent.com/pod-product-compliance
Ingram Content Group UK Ltd.
Pitfield, Milton Keynes, MK11 3LW, UK
UKHW020123130726
13696UKWH00001B/172